Histoire De Gil Blas De Santillane
Par Monsieur Le Sage...

Alain-René Lesage

HISTOIRE

DE
GIL BLAS

DE
SANTILLANE,

Par Monsieur LE SAGE.

CINQUIÉME ÉDITION,
avec Figures.

TOME SECOND.

EN DEBUNT ET AB ARBORE

A AMSTERDAM,

Aux dépens DE LA COMPAGNIE , 1740.

TABLE
DES CHAPITRES,
Contenus dans ce second Volume.

LIVRE QUATRIEME.

*2   CHAP. X.

TABLE DES CHAPITRES.

LIVRE CINQUIE'ME.

LIVRE SIXIE'ME.

Fin de la Table des Chapitres.

HISTOIRE

HISTOIRE

DE

GIL BLAS

DE SANTILLANE

LIVRE QUATRIE'ME.

CHAPITRE I.

Gil Blas ne pouvant s'accoutumer aux mœurs des Comédiennes, quitte le service d'Arsénie & trouve une plus honnête maison.

UN reste d'honneur & de religion, que je ne laissois pas de conserver parmi des mœurs si corrompuës, me fit résoudre non-seulement à quitter Arsénie, mais à rom-

Tome II.   A

rompre même tout commerce avec Laure, que je ne pouvois pourtant ceſſer
d'aimer, quoique je ſçûſſe bien qu'elle
me faiſoit mille infidélitez. Heureux qui
peut ainſi profiter des momens de raiſon
qui viennent troubler les plaiſirs dont il
eſt trop occupé ! Un beau matin je fis
mon paquet, & ſans compter avec Arſenie, qui ne me devoit, à la vérité,
preſque rien, ſans prendre congé de ma
chére Laure, je ſortis de cette maiſon
où l'on ne reſpiroit qu'un air de débauche. Je n'eus pas plûtôt fait une ſi bonne action, que le Ciel m'en récompenſa.
Je rencontrai l'Intendant de feu D. Mat-
thias mon maître ; je le ſaluai. Il me
reconnut, & s'arrêta pour me demander qui je ſervois. Je lui répondis que
depuis un inſtant j'étois hors de condition : qu'après avoir demeuré près d'un
mois chez Arſenie, dont les mœurs ne
me convenoient point, je venois d'en ſortir de mon propre mouvement, pour ſauver mon innocence. L'Intendant, comme s'il eût été ſcrupuleux de ſon naturel, aprouva ma délicateſſe, & me dit
qu'il vouloit me placer lui-même avan-
tageuſement, puiſque j'étois un garçon
ſi plein d'honneur. Il accomplit ſa promeſſe,

meſſe, & me mit dès ce jour-là chez Don Vincent de Guzman, dont il connoiſſoit l'homme d'affaires.

Je ne pouvois entrer dans une meil-leure maiſon. Auſſi ne me ſuis-je point repenti dans la ſuite d'y avoir demeuré. D. Vincent étoit un vieux Seigneur fort riche, qui vivoit depuis pluſieurs années ſans procès & ſans femme; les Médecins lui ayant ôté la ſienne, en voulant la défaire d'une toux qu'elle auroit encore pû conſerver long-tems ſi elle n'eût pas pris leurs remédes. Au lieu de ſonger à ſe remarier, il s'étoit donné tout en-tier à l'éducation d'Aurore, ſa fille uni-que, qui entroit alors dans ſa vingt-ſixiéme année, & pouvoit paſſer pour une perſonne accomplie. Avec une beau-té peu commune, elle avoit un eſprit ex-cellent & très-cultivé. Son pere étoit un petit génie; mais il poſſédoit l'heu-reux talent de bien gouverner ſes affai-res. Il avoit un défaut qu'on doit par-donner aux vieillards: il aimoit à parler, & ſur toutes choſes, de guerre & de combats. Si par malheur on venoit à toucher cette corde en ſa preſence, il em-bouchoit dans le moment la trompette héroïque, & ſes auditeurs ſe trouvoient

A 2   trop

trop heureux, quand ils en étoient quit-
tes pour la relation de deux siéges & de
trois batailles. Comme il avoit consommé les deux tiers de sa vie dans le service,
sa mémoire étoit une source inépuisable
de faits divers, qu'on n'entendoit pas
toûjours avec autant de plaisir qu'il les
racontoit. Ajoûtez à cela qu'il étoit bé-
gue & diffus ; ce qui rendoit sa maniére
de conter fort agréable. Au reste, je
n'ai point vû de Seigneur d'un si bon
caractére. Il avoit l'humeur égale. Il
n'étoit ni entêté, ni capricieux ; j'admirois cela dans un homme de qualité.
Quoiqu'il fût bon ménager de son bien,
il vivoit honorablement. Son domesti-
que étoit composé de plusieurs valets &
de trois femmes qui servoient Aurore. Je
reconnus bien-tôt que l'Intendant de D.
Mathias m'avoit procuré un bon poste,
& je ne songeai qu'à m'y maintenir. Je
m'attachai à connoître le terrain ; j'é-
tudiai les inclinations des uns & des autres ; puis réglant ma conduite là-dessus, je ne tardai guéres à prévenir en
ma faveur mon maître & tous les domestiques.

Il y avoit déja plus d'un mois que
j'étois chez Don Vincent, lorsque je
crus

crus m'apercevoir que fa fille me di-
ftinguoit de tous les valets du logis. Toutes les fois que fes yeux venoient à s'arrêter fur moi, il me fembloit y remarquer une forte de complaifance que je
ne voyois point dans les regards qu'elle
laiffoit tomber fur les autres. Si je n'euffe
pas fréquenté des Petits-Maîtres & des
Comédiens, je ne me ferois jamais avifé
de m'imaginer qu'Aurore penfât à moi ;
mais je m'étois un peu gâté parmi ces
Meffieurs, chez qui les Dames mêmes
les plus qualifiées ne font pas toûjours
dans un trop bon prédicament. Si, difois-je, on en croit quelques-uns de ces
hiftrions, il prend quelquefois à des
femmes de qualité certaines fantaifies
dont ils profitent. Que fçai-je fi ma maîtreffe n'eft point fujette à ces fantaifies-
là ? Mais non, ajoûtois-je un moment
après, je ne puis me le perfuader. Ce
n'eft point une de ces Meffalines qui, démentant la fierté de leur naiffance, ab-
baiffent indignement leurs regards jufques dans la pouffiére & fe deshonorent
fans rougir. C'eft plûtôt une de ces filles
vertueufes, mais tendres, qui, fatisfaites
des bornes que leur vertu prefcrit à leur
tendreffe, ne fe font pas un fcrupule
A 3   d'inf-

d'inspirer & de sentir une passion délicate qui les amuse sans péril.

Voilà comme je jugeois de ma maîtresse, sans sçavoir précisément à quoi
je devois m'arrêter. Cependant lorsqu'elle me voyoit, elle ne manquoit pas
de me soûrire & de témoigner de la joye.
On pouvoit sans passer pour fat donner
dans de si belles aparences. Aussi n'y
eut-il pas moyen de m'en défendre. Je
crus Aurore fortement éprise de mon
mérite, & je ne me regardai plus que
comme un de ces heureux domestiques à
qui l'amour rend la servitude si douce.
Pour paroître en quelque façon moins
indigne du bien que ma bonne fortune
me vouloit procurer, je commençai
d'avoir plus de soin de ma personne,
que je n'en avois eu jusqu'alors; je dé-
pensai en linges, en pommades & en
essences tout ce que j'avois d'argent. La
première chose que je faisois le matin,
c'étoit de me parer & de me parfumer,
pour n'être point en négligé s'il falloit
me presenter devant ma maîtresse. Avec
cette attention que j'aportois à m'ajuf-
ter, & les autres mouvemens que je me
donnois pour plaire, je me flattois que
mon bonheur n'étoit pas fort éloigné.

Parmi

Parmi les femmes d'Aurore, il y en avoit une qu'on apelloit Ortiz. C'étoit une vieille perſonne qui demeuroit depuis plus de vingt années chez D. Vincent. Elle avoit élevé ſa fille & conſervoit encore la qualité de Duegne; mais elle n'en rempliſſoit plus l'emploi pénible. Au contraire, au lieu d'éclairer comme autrefois les actions d'Aurore, elle ne s'occupoit alors qu'à les cacher. Un ſoir la Dame Ortiz ayant trouvé l'occaſion de me parler ſans qu'on pût nous entendre, me dit tout bas, que ſi j'étois ſage & diſcret je n'avois qu'à me rendre à minuit dans le jardin; qu'on m'aprendroit-là des choſes que je ne ſerois pas fâché de ſçavoir. Je répondis à la Duegne en lui ſerrant la main que je ne manquerois pas d'y aller, & nous nous ſéparâmes vîte, de peur d'être ſurpris. Que le tems me dura depuis ce moment juſqu'au ſouper, quoiqu'on ſoûpât de fort bonne heure, & depuis le ſoûper juſqu'au coucher de mon maître! Il me ſembloit que tout ſe faiſoit dans la maiſon avec une lenteur extraordinaire. Pour ſurcroît d'ennui, lorſque Don Vincent fut retiré dans ſon apartement, au lieu de ſonger à ſe repoſer,

il

il fe mit à rebattre fes campagnes de Portugal , dont il m'avoit déja fouvent étourdi. Mais ce qu'il n'avoit point encore fait & ce qu'il me gardoit pour ce foir-là, il me nomma tous les Officiers qui s'étoient diftinguez de fon tems. Il me raconta même leurs exploits. Que je fouffris à l'écouter jufqu'au bout ! Il acheva pourtant de parler & fe coucha. Je paffai auffi-tôt dans une petite chambre où étoit mon lit & d'où l'on defcendoit dans le jardin par un efcalier dérobé. Je me frottai tout le corps de pommade : je pris une chemife blanche après l'avoir bien parfumée , & quand je n'eus rien oublié de tout ce qui me parut pouvoir contribuer à flatter l'entêtement de ma maîtreffe, j'allai au rendez-vous.

Je n'y trouvai point Ortiz. Je jugeai qu'ennuyée de m'attendre , elle avoit regagné fon apartement & que l'heure du berger étoit paffée. Je m'en pris à Don Vincent ; mais comme je maudiffois fes campagnes , j'entendis fonner dix heures ; je crus que l'horloge alloit mal & qu'il étoit impoffible qu'il ne fût pas du moins une heure après minuit. Cependant je me trompois fi bien , qu'un
gros

gros quart-d'heure après, je comptai
encore dix heures à une autre horloge.
Fort bien, dis-je alors en moi-même;
je n'ai plus que deux heures entiéres à
garder le mulet. On ne se plaindra pas du
moins de mon peu d'exactitude. Que
vais-je devenir jusqu'à minuit? Prome-
nons-nous dans ce jardin & songeons au
rôle que je dois joüer. Il est assez nouveau pour moi. Je ne suis point encore
fait aux fantaisies des femmes de qualité.
Je sçais de quelle maniére on en use avec
les Grizettes & les Comédiennes. Vous
les abordez d'un air familier & vous brus-
quez sans façon l'avanture; mais il faut
une autre manœuvre avec une personne
de condition. Il faut, ce me semble, que
le galant soit poli, complaisant, tendre
& respectueux, sans pourtant être timide. Au lieu de vouloir hâter son bonheur par ses emportemens, il doit l'attendre d'un moment de foiblesse.

C'est ainsi que je raisonnois, & je me
promettois bien de tenir cette conduite
avec Aurore. Je me representois qu'en
peu de tems j'aurois le plaisir de me voir
aux pieds de cet aimable objet & de lui
dire mille choses passionnées. Je rapel-
lai même dans ma mémoire tous les endroits

droits de nos piéces de théâtre dont je pouvois me fervir dans notre tête à tête & me faire honneur. Je comptois de le bien apliquer , & j'efpérois qu'à l'exemple de quelques Comédiens de ma connoiffance , je pafferois pour avoir de l'efprit, quoique je n'euffe que de la mémoire. En m'occupant de toutes ces penfées , qui amufoient plus agréablement mon impatience que les recits militaires de mon maître , j'entendis fonner onze heures. Je pris courage & me replongeai dans ma rêverie , tantôt en continuant de me promener , & tantôt affis dans un cabinet de verdure qui étoit au bout du jardin. L'heure enfin que j'attendois depuis fi long-tems, minuit fonna. Quelques inftans après, Ortiz auffi ponctuelle , mais moins impatiente que moi , parut : Seigneur Gil Blas , me dit-elle en m'abordant, combien y a-t'il que vous êtes ici ? Deux heures , lui répondis-je. Ah vrayement, reprit-elle en riant , vous êtes bien exact ; c'eft un plaifir de vous donner des rendez-vous la nuit. Il eft vrai, continua-t'elle d'un air férieux , que vous ne fçauriez trop payer le bonheur que j'ai à vous annoncer. Ma Maîtreffe veut
avoir

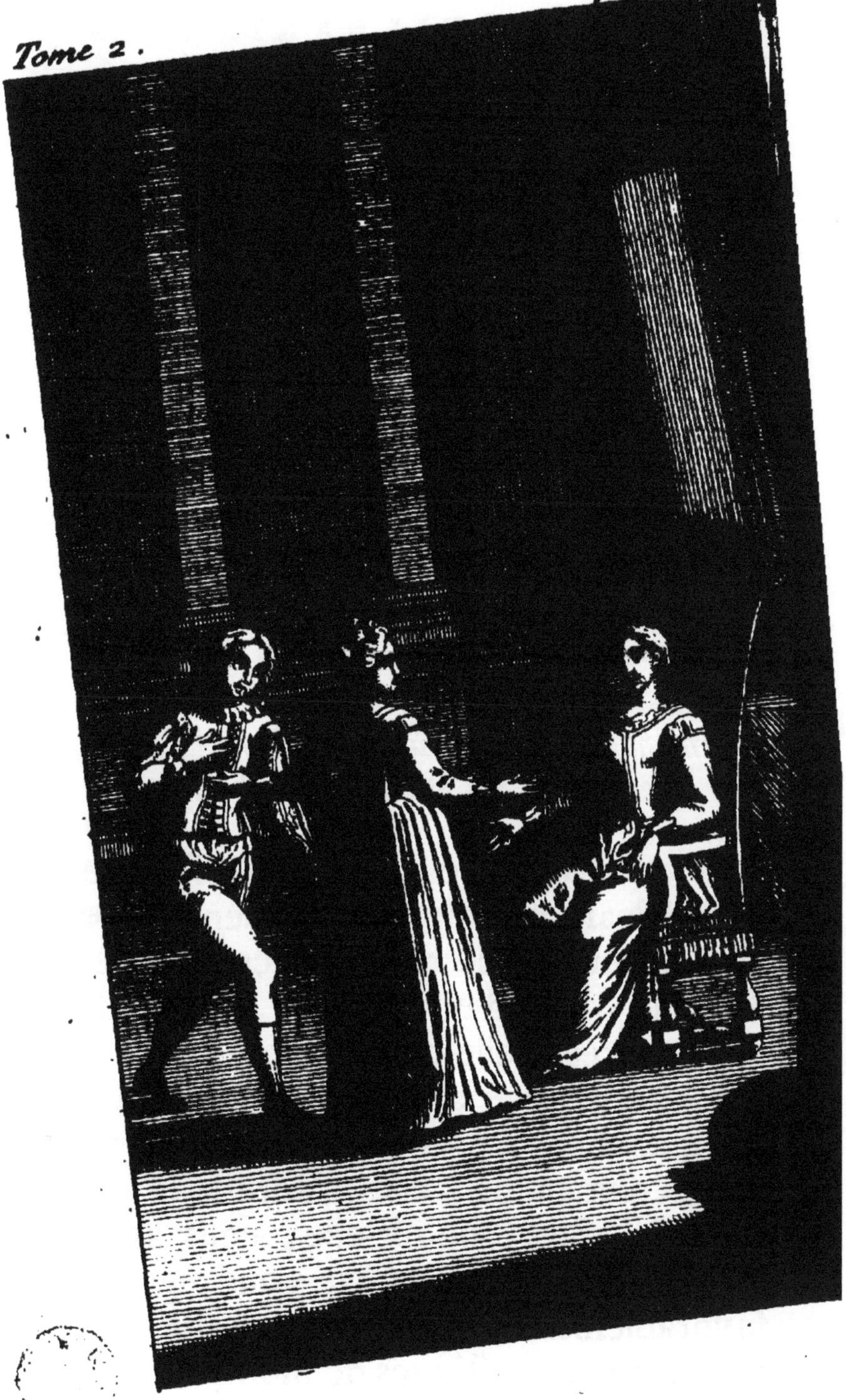

avoir un entretien particulier avec vous. Je ne vous en dirai pas davantage ; le reſte eſt un ſecret que vous ne devez apprendre que de ſa propre bouche. Suivez - moi, je vais vous conduire à ſon apartement. A ces mots, la Duegne me prit la main, & par une petite porte dont elle avoit la clef, elle me mena myſtérieuſement dans la chambre de ſa Maitreſſe.

CHAPITRE II.

Comment Aurore reçût Gil Blas & quel entretien ils eurent enſemble.

JE trouvai Aurore en deshabillé ; je la ſaluai fort reſpectueuſement & de la meilleure grace qu'il me fut poſſible. Elle me reçût d'un air riant, me fit aſſéoir auprès d'elle malgré moi, & dit à ſon ambaſſadrice de paſſer dans une autre chambre. Après ce prélude, qui ne me déplut point, elle m'adreſſa la parole : Gil Blas, me dit-elle, vous avez dû vous apercevoir que je vous regarde favorablement & vous diſtingue de tous les autres domeſtiques de mon pere ; &

quand

quand mes regards ne vous auroient
point fait juger que j'ai quelque bonne
volonté pour vous, la démarche que je
fais cette nuit ne vous permettroit pas
d'en douter.

Je ne lui donnai pas le tems de
m'en dire davantage. Je crus qu'en
homme poli je devois épargner à sa pudeur la peine de s'expliquer plus formel-
lement. Je me levai avec transport &
me jettant aux pieds d'Aurore, comme
un héros de théâtre qui se met à genoux
devant sa Princesse, je m'écriai d'un
ton de déclamateur : Ah ! Madame, se-
roit-il bien possible que Gil Blas, jusqu'ici le joüet de la fortune & le rebut
de la nature entiére, eût le bonheur de
vous avoir inspiré des sentimens.... Ne
parlez pas si haut, interrompit en riant
ma Maîtresse ; vous allez réveiller mes
femmes qui dorment dans la chambre
prochaine. Levez-vous ; reprenez votre place & m'écoutez jusqu'au bout sans
me couper la parole. Oüi, Gil Blas,
poursuivit-elle en reprenant son sérieux,
je vous veux du bien ; & pour vous prouver que je vous estime, je vais vous
faire confidence d'un secret d'où dépend
le repos de ma vie. J'aime un jeune Cavalier,

valier, beau, bienfait & d'une naiſſance
illuſtre. Il ſe nomme Don Luis Pacheco.
Je le vois quelquefois à la promenade &
aux ſpectacles ; mais je ne lui ai jamais
parlé. J'ignore même de quel caractè-
re il eſt & s'il n'a point de mauvaiſes
qualitez. C'eſt de quoi pourtant je voudrois bien être inſtruite. J'aurois beſoin
d'un homme qui s'enquît ſoigneuſement
de ſes mœurs & m'en rendît un compte
fidèle. Je fais choix de vous. Je crois
que je ne riſque rien à vous charger de
cette commiſſion. J'eſpére que vous vous
en acquiterez avec tant d'adreſſe & de
diſcrétion, que je ne me repentirai point
de vous avoir mis dans ma confidence.

Ma Maîtreſſe ceſſa de parler en cet
endroit, pour entendre ce que je lui ré-
pondrois là - deſſus. J'avois d'abord été
déconcerté d'avoir pris ſi deſagréable-
ment le change ; mais je me remis promptement l'eſprit, & ſurmontant la honte
que cauſe toûjours la témérité quand
elle eſt malheureuſe , je témoignai à la
Dame tant de zèle pour ſes intérêts : je
me dévoüai avec tant d'ardeur à ſon ſervice, que ſi je ne lui ôtai pas la penſée que je m'étois follement flâté de lui
avoir plû, du moins je lui fis connoître
que

que je fçavois bien réparer une fottife.
Je ne demandai que deux jours pour
rendre bon compte de Don Luis. Après
quoi la Dame Ortiz, que fa Maîtreffe
rapella, me remena dans le jardin & me
dit en me quittant : Bon foir, Gil Blas,
je ne vous recommande point de vous
trouver de bonne heure au premier rendez-vous. Je connois trop votre ponc-
tualité là-deffus.

Je retournai dans ma chambre, non
fans quelque dépit de voir mon attente
trompée. Je fus néanmoins affez raifon-
nable pour faire réfléxion qu'il me con-
venoit mieux d'être le confident de ma
Maîtreffe que fon amant. Je fongeai
même que cela pourroit me mener à
quelque chofe : que les courtiers d'a-
mour étoient ordinairement bien païez
de leurs peines ; & je me couchai dans
la réfolution de faire ce qu'Aurore exigeoit de moi. Je fortis pour cet effet le
lendemain. La demeure d'un Cavalier,
tel que Don Luis, ne fut pas difficile à
découvrir. Je m'informai de lui dans
le voifinage ; mais les perfonnes à qui je
m'adreffai ne purent pleinement fatisfaire ma curiofité. Ce qui m'obligea le
jour fuivant à recommencer mes perquifitions.

ſitions. Je fus plus heureux ; je rencontrai par hazard dans la ruë un garçon
de ma connoiſſance. Nous nous arrêtâmes pour nous parler : Il paſſa dans ce
moment un de ſes amis qui nous aborda,
& nous dit qu'il venoit d'être chaſſé de
chez Don Joſeph Pacheco, pere de Don
Luis , pour un quartaut de vin qu'on
l'accuſoit d'avoir bû. Je ne perdis pas
une ſi belle occaſion de m'informer de
tout ce que je ſouhaitois d'aprendre ;
& je fis tant par mes queſtions, que je
m'en retournai au logis fort content
d'être en état de tenir parole à ma Maîtreſſe. C'étoit la nuit prochaine que je
devois la revoir à la même heure & de
la même maniére que la premiére fois.
Je n'avois pas ce ſoir-là tant d'inquiétude , & bien loin de ſouffrir impatiemment les diſcours de mon vieux patron,
je le remis ſur ſes campagnes. J'attendis
minuit avec la plus grande tranquilité
du monde, & ce ne fut qu'après l'avoir
entendu ſonner à pluſieurs horloges ,
que je deſcendis dans le jardin , ſans me
pommader & me parfumer : je me cor-
rigeai encore de cela.

Je trouvai au rendez-vous la très-
fidèle Duegne , qui me reprocha mali-
cieuſement

cieufement que j'avois bien rabattu de ma diligence. Je ne lui répondis point, & je me laiffai conduire à l'apartement d'Aurore, qui me demanda dès que je parus, fi je m'étois bien informé de Don Luis. Oüi, Madame, lui dis-je ; & je vais vous aprendre en deux mots ce que j'en fçai. Je vous dirai premiérement qu'il partira bien-tôt pour s'en re-tourner à Salamanque achever fes étu-des. C'eft un jeune Cavalier rempli d'honneur & de probité. Pour du coura-ge, il n'en fçauroit manquer, puifqu'il eft Gentilhomme & Caftillan. De plus, il a beaucoup d'efprit & les maniéres fort agréables ; mais ce qui peut-être ne fera guére de votre goût, c'eft qu'il tient un peu trop de la nature des jeunes Sei-gneurs ; il eft diablement libertin. Sça-vez-vous qu'à fon âge, il a déja eu à bail deux Comédiennes ? Que m'apre-nez-vous reprit Aurore ? quelles mœurs ? Mais êtes-vous bien affuré, Gil Blas, qu'il méne une vie fi licen-cieufe ? Oh je n'en doute pas, Mada-me, lui repartis-je. Un valet, qu'on a chaffé de chez lui ce matin, me l'a dit ; & les valets font fort fincéres, quand ils s'entretiennent des défauts de leurs Maîtres.

Maîtres. D'ailleurs, il fréquente Don Alexo Ségiar, Don Antonio Centellés, & Don Fernand de Gamboa. Cela feul prouve démonftrativement fon libertinage. C'eft affez, Gil Blas, dit alors ma Maîtreffe en foupirant ; je vais fur votre raport combattre mon indigne amour. Quoiqu'il ait déja de profondes racines dans mon cœur, je ne defefpére pas de l'en arracher. Allez, pourfuivit-elle, en me mettant entre les mains une petite bourfe qui n'étoit pas vuide ; voilà ce que je vous donne pour vos peines. Gardez-vous bien de révéler mon fecret. Songez que je l'ai confié à votre filence.

J'affurai ma Maîtreffe qu'elle pouvoit demeurer tranquile, & que j'étois l'Hypocrate * des valets confidens. Après cette affurance, je me retirai fort impatient de fçavoir ce qu'il y avoit dans la bourfe; j'y trouvai vingt piftoles. Auffi-tôt je penfai qu'Aurore m'en auroit fans doute donné davantage, fi je lui euffe annoncé une nouvelle agréable, puifqu'elle en payoit fi bien une chagrinante. Je me repentis de n'avoir pas imité les gens de Juftice, qui fardent quelquefois la vérité
dans

* C'étoit chez les Anciens le Dieu du Silence.

dans leurs procès verbaux. J'étois fâché
d'avoir détruit dans fa naiffance une galanterie qui m'eût été très-utile dans la
fuite. J'avois pourtant la confolation de
me voir dédommagé de la dépenfe que
j'avois faite fi mal-à-propos en pommades & en parfums.

CHAPITRE III.

Du grand changement qui arriva chez Don
Vincent ; & de l'étrange réfolution que
l'amour fit prendre à la belle Aurore.

IL arriva peu de tems après cette
avanture, que le Séigneur D. Vincent tomba malade. Quand il n'auroit
pas été dans un âge fort avancé, les fym-
ptômes de fa maladie parurent fi violens, qu'on eut craint un événement
funefte. Dès le commencement du mal
on fit venir les deux plus fameux Médecins de Madrid. L'un s'apelloit le Docteur Andros, & l'autre le Docteur Oquetos. Ils examinérent attentivement le
malade, & convinrent tous deux, après
une exacte obfervation, que les humeurs
étoient en fougue : mais ils ne s'accor-
dérent

dérent qu'en cela l'un & l'autre. Il faut, dit Andros, fe hâter de purger les humeurs, quoique cruës, pendant qu'elles font dans une agitation violente de flux & de reflux, de peur qu'elles ne fe fixent fur quelque partie noble. Oquetos foutint au contraire qu'il falloit attendre que les humeurs fuffent cuites, avant que d'employer le purgatif. Mais votre méthode, reprit le premier, eft directement opofée à celle du Prince de la Médecine. Hypocrate avertit de purger dans la plus ardente fiévre, dès les premiers jours, & dit en termes formels, qu'il faut être prompt à purger, quand les humeurs font en *orgafme*, c'eft-à-dire, en fougue. Oh ! c'eft ce qui vous trompe, repartit Oquetos. Hypocrate par le mot d'*orgafme* n'entend pas la fougue, il entend plûtôt la coction des humeurs.

Là-deffus nos Docteurs s'échauffent. L'un raporte le texte Grec, & cite tous les Auteurs qui l'ont expliqué comme lui ; l'autre s'en fiant à une traduction Latine, le prend fur un ton encore plus haut. Qui des deux croire ? Don Vincent n'étoit pas homme à décider la queftion. Cependant fe voyant obligé

d'opter,

d'opter, il donna fa confiance à celui des deux qui avoit le plus expédié de Malades, je veux dire au plus vieux. Auffi-tôt Andros, qui étoit le plus jeune, fe retira, non fans lancer à fon Ancien quelques traits railleurs fur l'*orgafme*. Voilà donc Oquetos triomphant. Comme il étoit dans les principes du Docteur Sangrado, il commença par faire faigner abondamment le Malade, attendant pour le purger que les humeurs fuffent cuites : mais la mort qui craignoit fans doute qu'une purgation fi fagement différée ne lui enlevât fa proye, prévint la coction, & emporta mon Maître. Telle fut la fin du Seigneur Don Vincent, qui perdit la vie, parce que fon Médecin ne fçavoit pas le Grec.

Aurore, après avoir fait à fon pere des funérailles dignes d'un homme de fa naiffance, entra dans l'adminiftration de fon bien. Devenuë maîtreffe de fes volontez, elle congédia quelques domeftiques, en leur donnant des récompenfes proportionnées à leurs fervices, & fe retira bien-tôt à un Château qu'elle avoit fur les bords du Tage, entre Sacedon & Buendia. Je fus du nombre de ceux qu'elle

le retint, & qui la fuivirent à la Campagne. J'eus même le bonheur de lui devenir néceffaire. Malgré le raport fidèle que je lui avois fait de Don Luis, elle aimoit encore ce Cavalier; ou plûtôt n'ayant pû vaincre fon amour, elle s'y étoit entiérement abandonnée. Elle n'avoit plus befoin de prendre des précautions pour me parler en particulier. Gil Blas, me dit-elle en foûpirant, je ne puis oublier Don Luis; quelqu'effort que je faffe pour le bannir de ma penfée, il s'y prefente fans ceffe, non tel que tu me l'as peint, plongé dans toutes fortes de defordres, mais tel que je voudrois qu'il fût, tendre, amoureux, conftant. Elle s'attendrit en difant ces paroles, & ne pût s'empêcher de répandre quelques larmes. Peu s'en fallut que je ne pleuraffe auffi, tant je fus touché de fes pleurs. Je ne pouvois mieux lui faire ma cour, que de paroître fi fenfible à fes peines. Mon ami, continua-t'elle après avoir effuyé fes beaux yeux, je vois que tu es d'un très-bon naturel, & je fuis fi fatisfaite de ton zèle, que je promets de le bien récompenfer. Ton fecours, mon cher Gil Blas, m'eft plus néceffaire que jamais. Il faut que je te découvre un
deffein

deſſein qui m'occupe. Tu vas le trouver fort bizarre. Aprens que je veux partir au plûtôt pour Salamanque. Là je prétends me déguiſer en Cavalier, & ſous le nom de D. Félix ; je ferai connoiſſance avec Pacheco : Je tâcherai de gagner ſa confiance & ſon amitié. Je lui parlerai ſouvent d'Aurore de Guzman, dont je paſſerai pour couſin. Il ſouhaitera peut-être de la voir, & c'eſt où je l'attends. Nous aurons deux logemens à Salamanque. Dans l'un, je ſerai Don Félix ; dans l'autre, Aurore ; & m'offrant aux yeux de D. Luis, tantôt traveſtie en homme, tantôt ſous mes habits naturels, je me flâte que je pourrai peu à peu l'amener à la fin que je me propoſe. Je demeure d'accord, ajoûtat'elle, que mon projet eſt extravagant : mais ma paſſion m'entraîne, & l'innocence de mes intentions achéve de m'étourdir ſur la démarche que je veux hazarder.

J'étois fort du ſentiment d'Aurore ſur la nature de ſon deſſein. Cependant quelque déraiſonnable que je le trouvaſſe, je me gardai bien de faire le pédagogue. Au contraire, je commençai à dorer la pilule, & j'entrepris de prouver
ver

ver que ce projet fou n'étoit qu'un jeu
d'esprit, agréable, & sans conséquence.
Cela fit plaisir à ma maîtresse. Les Amans
veulent qu'on flâte leurs plus folles ima-
ginations. Nous ne regardâmes plus
cette entreprise téméraire, que comme
une Comédie , dont il ne falloit songer
qu'à bien concerter la représentation.
Nous choisîmes nos Acteurs dans le do-
mestique; puis nous distribuâmes les rôles ; ce qui se passa sans clameurs & sans
querelle , parce que nous n'étions pas
des Comédiens de profession. Il fut résolu que la Dame Ortiz feroit la tante
d'Aurore , sous le nom de Dona Kiména
de Guzman ; qu'on lui donneroit un Valet & une Suivante ; & qu'Aurore tra-
vestie en Cavalier m'auroit pour valet de
chambre avec une de ses femmes , dégui-
sée en Page pour la servir en particulier.
Les personnages ainsi réglez , nous retournâmes à Madrid, où nous aprîmes
que D. Luis étoit encore , mais qu'il ne
tarderoit guére à partir pour Salamanque. Nous fîmes faire en diligence les
habits dont nous avions besoin. Lorsqu'ils furent achevez , ma Maîtresse les
fit emballer proprement , attendu que
nous ne devions les mettre qu'en tems
&

& lieu. Puis laiſſant le ſoin de ſa maiſon à
ſon homme d'affaires, elle partit dans un
caroſſe à quatre mules, & prit le chemin
du Royaume de Léon avec tous ceux de
ſes domeſtiques qui avoient quelque rôle à joüer dans cette Piéce

Nous avions déja traverſé la Caſtille
vieille, quand l'eſſieu du caroſſe ſe rompit. C'étoit entre Avila & Villaflor, à
trois ou quatre cens pas d'un Château
qu'on apercevoit au pied d'une montagne. La nuit aprochoit, & nous é-
tions aſſez embarraſſez. Mais il paſſa par
hazard auprès de nous un Païſan, qui
nous tira d'embarras. Il nous aprit que
le Château qui s'offroit à notre vûë,
apartenoit à Dona Elvira, veuve de D.
Pédro de Pinarés, & il nous dit tant de
bien de cette Dame, que ma maîtreſſe
m'envoya au Château demander de ſa
part un logement pour cette nuit. Elvire
ne démentit point le raport du Païſan.
Elle me reçût d'un air gracieux, & fit à
mon compliment la réponſe que je de-
ſirois; nous nous rendîmes tous au Château, où les mules traînérent doucement
le caroſſe. Nous rencontrâmes à la porte
la veuve de Don Pédre, qui venoit au
devant de ma maîtreſſe. Je paſſerai ſous
silence

silence les discours que la civilité obligea
de tenir de part & d'autre en cette occasion. Je dirai seulement qu'Elvire étoit
une Dame déja dans un âge avancé, mais
très-polie, & qu'elle sçavoit mieux que
femme du monde remplir les devoirs de
l'hospitalité. Elle conduisit Aurore dans
un apartement superbe, où la laissant
reposer quelques momens, elle vint donner son attention jusqu'aux moindres
choses qui nous regardoient. Ensuite,
quand le souper fût prêt, elle ordonna
qu'on servît dans la chambre d'Aurore,
où toutes deux elles se mirent à table. La
veuve de Don Pédre n'étoit pas de ces
personnes qui font mal les honneurs d'un
repas en prenant un air rêveur ou chagrin. Elle avoit l'humeur gaye & soûtenoit agréablement la conversation. Elle
s'exprimoit noblement & en beaux termes. J'admirois son esprit & le tour fin
qu'elle donnoit à ses pensées. Aurore en
paroissoit aussi charmée que moi. Elles
liérent amitié l'une avec l'autre & se promirent réciproquement d'avoir ensemble
un commerce de lettres. Comme notre
carosse ne pouvoit être raccommodé
que le jour suivant & que nous courions
risque de partir fort tard, il fut arrêté,

que

que nous demeurerions au château le lendemain. On nous servit à notre tour des viandes avec profusion, & nous ne fûmes pas plus mal couchez que nous avions été régalez.

Le jour d'après, ma Maîtresse trouva de nouveaux charmes dans l'entretien d'Elvire. Elles dînérent dans une grande salle où il y avoit plusieurs tableaux. On en remarquoit un, entr'autres, dont les figures étoient merveilleusement bien representées ; mais il offroit aux yeux un spectacle bien tragique. Un Cavalier mort, couché à la renverse & noyé dans son sang y étoit peint, & tout mort qu'il paroissoit, il avoit un air menaçant. On voyoit auprès de lui une jeune Dame dans un autre attitude, quoiqu'elle fût aussi étenduë par terre. Elle avoit une épée plongée dans son sein & rendoit les derniers soûpirs, en attachant ses regards mourans sur un jeune homme qui sembloit avoir une douleur mortelle de la perdre. Le Peintre avoit encore chargé son tableau d'une figure qui n'échapa point à mon attention. C'étoit un vieillard de bonne mine qui vivement touché des objets qui frappoient sa vûë, ne s'y montroit pas moins sensible

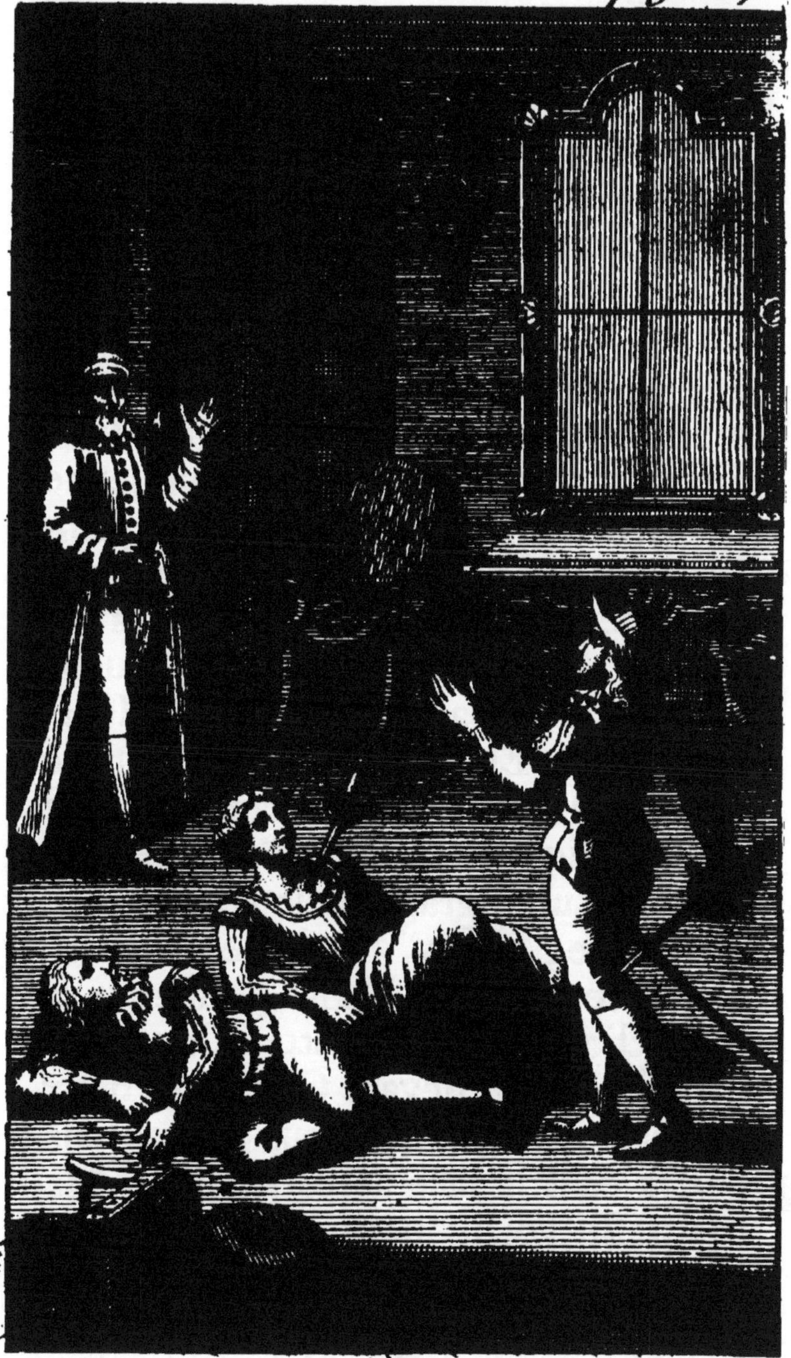

fible que le jeune homme. On eût dit
que ces images fanglantes leur faifoient
fentir à tous deux les mêmes atteintes,
mais qu'ils en recevoient différemment
les impreſſions. Le vieillard plongé dans
une profonde triſteſſe, en paroiſſoit comme accablé ; au lieu qu'il y avoit de la
fureur mêlée avec l'affliction du jeune
homme. Toutes ces choſes étoient pein-
tes avec des expreſſions ſi fortes, que
nous ne pouvions nous laſſer de les regarder. Ma Maîtreſſe demanda quelle
hiſtoire ce tableau repreſentoit ? Madame, lui dit Elvire, c'eſt une peinture
fidelle des malheurs de ma famille. Cette
réponſe piqua la curioſité d'Aurore, qui
témoigna un ſi grand deſir d'en ſçavoir
davantage, que la Veuve de D. Pédre
ne put ſe diſpenſer de lui promettre la
fatisfaction qu'elle fouhaitoit. Cette promeſſe qui ſe fit devant Ortiz, ſes deux
compagnes & moi, nous arrêta tous
quatre dans la falle après le repas. Ma
Maîtreſſe voulut nous renvoyer ; mais
Elvire qui s'aperçût bien que nous mou-
rions d'envie d'entendre l'explication
du tableau, eut la bonté de nous rête-
nir, en diſant que l'Hiſtoire qu'elle alloit raconter n'étoit pas de celles qui

C 2   demandent

demandent du fecret. Un moment après, elle commença fon recit dans ces termes.

CHAPITRE IV.

Le Mariage de vengeance.

NOUVELLE.

ROger, Roi de Sicile, avoit un frere & une fœur. Ce frere apellé Main-froy, fe révolta contre lui & alluma dans le Royaume une Guerre qui fut dange-reufe & fanglante ; mais il eut le mal-heur de perdre deux batailles & de tom-ber entre les mains du Roi, qui fe con-tenta de lui ôter la liberté pour le punir de fa révolte. Cette clémence ne fervit qu'à faire paffer Roger pour un Barbare dans l'efprit d'une partie de fes Sujets. Ils difoient qu'il n'avoit fauvé la vie à fon frere que pour exercer fur lui une vengeance lente & inhumaine. Tous les autres, avec plus de fondement, n'im-putoient les traitemens durs que Main-froy fouffroit dans fa prifon qu'à fa fœur Mathilde. Cette Princeffe avoit en effet toûjours haï ce Prince, & ne ceffa point de de le perſécuter tant qu'il vécut. Elle mourut peu de tems après lui , & l'on regarda ſa mort comme une juſte puniton de ſes ſentimens dénaturez.

Mainfroy eut deux fils ; ils étoient encore dans l'enfance. Roger eut quelque envie de s'en défaire , de crainte que parvenus à un âge plus avancé , le deſir de venger leur pere ne les portât à relever un parti qui n'étoit pas ſi bien abattu , qu'il ne pût cauſer de nouveaux troubles dans l'Etat. Il communiqua ſon deſſein au Sénateur Léontio Siffredi ſon Miniſtre , qui, pour l'en détourner , ſe chargea de l'éducation du Prince Enrique qui étoit l'aîné , & lui conſeilla de confier au Connétable de Sicile la conduite du plus jeune , qu'on apelloit Don Pédre. Roger perſuadé que ſes neveux ſeroient élevez par ces deux hommes dans la ſoumiſſion qu'ils lui devoient , les leur abandonna & prit ſoin lui-même de Conſtance ſa niéce. Elle étoit de l'âge d'Enrique & fille unique de la Princeſſe Mathilde ; il lui donna des Femmes & des Maîtres , & n'épargna rien pour ſon éducation.

Léontio Siffredi avoit un Château à deux petites lieuës de Palerme dans un lieu nommé Belmonte : c'étoit-là que

C 3　　ce

ce Miniſtre s'attachoit à rendre Enrique
digne de monter un jour ſur le Trône de
de Sicile. Il remarqua d'abord dans ce
Prince des qualitez ſi aimables, qu'il s'y
attacha comme s'il n'eût point eu d'enfant. Il avoit pourtant deux filles, l'aî-
née, qu'on nommoit Blanche, plus jeune
d'une année que le Prince, étoit pourvûë d'une beauté parfaite ; & la cadette apellée Porcie, après avoir en naiſſant
cauſé la mort de ſa mere, étoit encore
au berceau. Blanche & le Prince Enrique
ſentirent de l'amour l'un pour l'autre,
dès qu'ils furent capables d'aimer ; mais
ils n'avoient pas la liberté de s'entretenir en particulier. Le Prince néanmoins
ne laiſſa pas quelquefois d'en trouver l'occaſion. Il ſçût même ſi bien profiter de
ces momens précieux qu'il engagea la fille de Siffredi à lui permettre d'exécuter
un projet qu'il méditoit. Il arriva juſte-
ment dans ce tems-là que Léontio fut
obligé par ordre du Roi de faire un voyage dans une Province des plus reculées
de l'Iſle. Pendant ſon abſence, Enrique
fit faire une ouverture au mur de ſon
apartement qui répondoit à la chambre
de Blanche. Cette ouverture étoit couverte d'une couliſſe de bois qui ſe fermoit &
s'ouvroit

s'ouvroit fans qu'elle parût, parce qu'elle étoit fi étroitement jointe au lambris que les yeux ne pouvoient apercevoir l'artifice. Un habile Architecte, que le Prince avoit mis dans fes intérêts, fit cet ouvrage avec autant de diligence que de fecret.

L'amoureux Enrique s'introduifoit parlà quelquefois dans la chambre de fa Maîtreffe; mais il n'abufoit point de fes bontez. Si elle avoit eu l'imprudence de lui permettre une entrée fecrette dans fon apartement, du moins ce n'avoit été que fur les affurances qu'il lui avoit données qu'il n'exigeroit jamais d'elle que les faveurs les plus innocentes. Une nuit, il la trouva fort inquiéte. Elle avoit apris que Roger étoit très-malade & qu'il venoit de mander Siffredi comme grand Chancelier du Royaume, pour le rendre dépofitaire de fes derniéres volontez. Elle fe reprefentoit déja fur le trône fon cher Enrique, & craignant de le perdre dans ce haut rang, cette crainte lui caufoit une étrange agitation; elle avoit même les larmes aux yeux, lorfqu'il parut devant elle. Vous pleurez, Madame, lui dit-il, que dois-je penfer de la trifteffe où je vous vois

C 3   plongée?

plongée ? Seigneur , lui répondit Blanche , je ne puis vous cacher mes allarmes. Le Roi votre oncle ceffera bientôt de vivre & vous allez remplir fa place. Quand j'envifage combien votre nouvelle grandeur va vous éloigner de moi , je vous avouë que j'ai de l'inquiétude. Un Monarque voit les chofes d'un autre œil qu'un amant ; & ce qui faifoit tous fes defirs , quand il reconnoiffoit un pouvoir au-deffus du fien , ne le touche plus que foiblement fur le Trône. Soit preffentiment , foit raifon , je fens s'élever dans mon cœur des mouvemens qui m'agitent & que ne peut calmer toute la confiance que je dois à vos bontez. Je ne me défie point de la fermeté de vos fentimens , je ne me défie que de mon bonheur. Adorable Blanche , repliqua le Prince, vos craintes font obligeantes & juftifient mon attachement à vos charmes ! mais l'excès où vous portez vos défiances offenfe mon amour , & fi je l'ofe dire , l'eftime que vous me devez. Non , non , ne penfez pas que ma deftinée puiffe être féparée de la vôtre. Croyez plûtôt que vous feule ferez toûjours ma joye & mon bonheur. Perdez donc une crainte vaine. Faut-il qu'elle
trouble

trouble des momens ſi doux ? Ah ! Seigneur, reprit la fille de Léontio, dès
que vous ſerez couronné, vos Sujets
pourront vous demander pour Reine
une Princeſſe deſcenduë d'une longue
ſuite de Rois, & dont l'hymen éclatant
joigne de nouveaux Etats aux vôtres,
& peut-être, hélas, répondrez-vous à
leur attente, même aux dépens de vos
plus doux vœux ! Hé pourquoi, reprit
Enrique avec emportement, pourquoi
trop prompte à vous tourmenter, vous
faire une image affligeante de l'avenir ?
Si le Ciel diſpoſe du Roi mon oncle &
me rend Maître de la Sicile, je jure de
me donner à vous dans Palerme, en
preſence de toute ma Cour ; j'en atteſte
tout ce qu'on reconnoît de plus ſacré
parmi nous.

Les proteſtations d'Enrique raſſuré-
rent la fille de Siffredi. Le reſte de leur
entretien roula ſur la maladie du Roi.
Enrique fit voir la bonté de ſon naturel ;
il plaignit le ſort de ſon oncle, quoiqu'il n'eût pas ſujet d'en être fort touché, & la force du ſang lui fit regretter
un Prince dont la mort lui promettoit
une Couronne. Blanche ne ſçavoit pas
encore tous les malheurs qui la mena-
çoient.

çoient. Le Connétable de Sicile qui l'a-
voit rencontrée comme elle sortoit de
l'apartement de son pere, un jour qu'il
étoit venu au Château de Belmonte,
pour quelques affaires importantes, en
avoit été frapé. Il en fit dès le lendemain la demande à Siffredi qui agréa sa
recherche ; mais la maladie de Roger
étant survenuë dans ce tems-là, ce mariage demeura suspendu, & Blanche
n'en avoit point entendu parler.

Un matin, comme Enrique achevoit
de s'habiller, il fut surpris de voir entrer dans son apartement Léontio suivi
de Blanche. Seigneur, lui dit ce Ministre, la nouvelle que je vous aporte
aura de quoi vous affliger ; mais la consolation qui l'accompagne doit modérer
votre douleur. Le Roi votre oncle vient
de mourir ; il vous laisse par sa mort héritier de son sceptre ; la Sicile vous est
soûmise ; les grands du Royaume atten-
dent vos ordres à Palerme ; ils m'ont
chargé de les recevoir de votre bouche,
& je viens, Seigneur, avec ma fille vous
rendre les premiéres & les plus sincéres
hommages que vous doivent vos nouveaux Sujets. Le Prince qui sçavoit bien
que Roger depuis deux mois étoit atteint
d'une

d'une maladie qui le détruifoit peu à peu, ne fut pas étonné de cette nouvelle. Cependant frapé du changement fubit de fa condition, il fentit naître dans fon cœur mille mouvemens confus. Il rêva quelque-tems, puis rompant le filence, il adreffa ces paroles à Léontio : Sage Siffredi, je vous regarde toûjours comme mon pere ; je ferai gloire de me régler par vos confeils, & vous régnerez plus que moi dans la Sicile. A ces mots, s'aprochant d'une table fur laquelle étoit une écritoire, & prenant une feüille blanche, il écrivit fon nom au bas de la page. Que voulez-vous faire, Seigneur, lui dit Siffredi ? Vous marquer ma reconnoiffance & mon eftime, répondit Enrique. Enfuite ce Prince prefenta la feüille à Blanche, & lui dit : Recevez, Madame, ce gage de ma foi, & de l'empire que je vous donne fur mes volontez. Blanche la prit en rougiffant, & fit cette réponfe au Prince : Seigneur, je reçois avec refpect les graces de mon Roi ; mais je dépends d'un pere, & vous trouverez bon, s'il vous plaît, que je remette votre billet entre fes mains, pour en faire l'ufage que fa prudence lui confeillera.

Elle donna effectivement à fon pere la

la fignature d'Enrique. Alors Siffredi remarqua ce qui jufqu'à ce moment étoit
échapé à fa pénétration. Il déméla les
fentimens du Prince, & lui dit : Votre
Majefté n'aura point de reproche à me
faire. Je n'abuferai point de la confiance.... Mon cher Léontio, interrompit Enrique, ne craignez point d'en
abufer. Quelque ufage que vous faf-
fiez de mon billet, j'en aprouverai la
difpofition. Mais allez, continua-t'il,
retournez à Palerme. Ordonnez-y les
aprêts de mon couronnement, & dites
à mes Sujets que je vais fur vos pas recevoir le ferment de leur fidélité, & les
affurer de mon affection. Ce Miniftre
obéït aux ordres de fon nouveau Maître, & prît avec fa fille le chemin de
Palerme.

Quelques heures après leur départ,
le Prince partit auffi de Belmonte, plus
occupé de fon amour, que du haut rang
où il alloit monter. Lorfqu'on le vit arriver dans la Ville, on pouffa mille cris
de joïe; il entra parmi les acclamations du Peuple dans le Palais, où tout
étoit déja prêt pour la cérémonie; il y
trouva la Princeffe Conftance, vêtuë de
longs habillemens de deüil. Elle paroiffoit

foit fort touchée de la mort de Roger.
Comme ils fe devoient un compliment
réciproque fur la mort de ce Monarque , ils s'en acquitérent l'un & l'autre
avec efprit , mais avec un peu plus de
froideur de la part d'Enrique , que de
celle de Conftance, qui , malgré les dé-
mêlez de leur famille , n'avoit pû haïr
ce Prince. Il fe plaça fur le Trône , &
la Princeffe s'affit à fes côtez fur un fau-
teüil un peu moins élevé. Les Grands
du Royaume prirent leurs places chacun
felon fon rang. La cérémonie commença, & Léontio, comme grand Chancelier
de l'Etat & dépofitaire du Teftament du
feu Roi , en ayant fait l'ouverture , fe
mit à le lire à haute voix. Cet Acte contenoit en fubftance : que Roger fe voïant
fans enfans , nommoit pour fon fuccef-
feur le fils aîné de Mainfroy , à condition qu'il épouferoit la Princeffe Conftance , & que s'il refufoit fa main , la
Couronne de Sicile , à fon exclufion ,
tomberoit fur la tête de l'Infant Don Pédre fon frere , à la même condition.

Ces paroles furprirent étrangement
Enrique ; il en fentit une peine incon-
cevable , & cette peine devint encore
plus vive , lorfque Léontio, après avoir
achevé

achevé la lecture du Teftament, dit à
toute l'Affemblée : Seigneurs, ayant raporté les derniéres intentions du feu Roi
à notre nouveau Monarque ; ce généreux Prince confent d'honorer de fa
main la Princeffe Conftance fa coufine.
A ces mots Enrique interrompit le Chancelier : Léontio, lui dit-il, fouvenez-
vous de l'écrit que Blanche vous.....
Seigneur, interrompit avec précipitation
Siffredi, fans donner le tems au Prince
de s'expliquer, le voici. Les Grands du
Royaume, pourfuivit-il, en montrant
le Billet à l'Affemblée, y verront par
l'augufte feing de votre Majefté l'eftime que vous faites de la Princeffe, &
la déférence que vous avez pour les
derniéres volontez du feu Roy votre
oncle. Ayant achevé ces paroles, il fe
mit à lire le billet dans les termes dont
il l'avoit rempli lui-même. Le nouveau
Roi y faifoit à fes Peuples dans la forme la plus autentique une promeffe d'é-
poufer Conftance, conformément aux
intentions de Roger. La falle retentit de
longs cris de joye : Vive notre magna-
nime Roi Enrique, s'écriérent tous ceux
qui étoient prefens. Comme on n'igno-
roit pas l'averfion que ce Prince avoit
                              toûjours

toûjours marquée pour la Princeſſe, on
avoit craint avec raiſon qu'il ne ſe révol-
tât contre la condition du Teſtament,
& ne cauſât des mouvemens dans le
Royaume : mais la lecture du Billet, en
raſſurant là-deſſus les Grands & le Peuple, excitoit ces acclamations génerales
qui déchiroient en ſecret le cœur du
Monarque.

Conſtance qui par l'intérêt de ſa gloire,
& par un ſentiment de tendreſſe y prenoit plus de part que perſonne, choiſit
ce tems pour l'aſſurer de ſa reconnoiſſance. Le Prince eut beau vouloir ſe
contraindre, il reçût le compliment de
la Princeſſe avec tant de trouble : il
étoit dans un ſi grand deſordre, qu'il
ne pût même lui répondre ce que la
bienſéance exigeoit de lui. Enfin, cédant
à la violence qu'il ſe faiſoit, il s'aprocha
de Siffredi, que le devoir de ſa Charge
obligeoit de ſe tenir aſſez près de ſa perſonne, & lui dit tout bas : Que faites-
vous Léontio ? L'écrit que j'ai mis entre
les mains de votre fille, n'étoit point deſ-
tiné pour cet uſage. Vous trahiſſez......
Seigneur, interrompit encore Siffredi
d'un ton ferme, ſongez à votre gloire.
Si vous refuſez de ſuivre les volontez
du

du Roi votre oncle, vous perdez la Couronne de Sicile. Il n'eut pas achevé de parler ainſi, qu'il s'éloigna du Roi, pour l'empêcher de lui repliquer. Enrique demeura dans un embarras extrême ; il ſe ſentoit agité de mille mouvemens contraires ; il étoit irrité contre Siffredi ; il ne pouvoit ſe réſoudre à quitter Blanche, & partagé entr'elle & l'intérêt de ſa gloire, il fut aſſez long-tems incertain du parti qu'il avoit à prendre. Il ſe détermina pourtant, & crut avoir trouvé le moyen de conſerver la fille de Siffredi, ſans renoncer au Trône ; il feignit de vouloir ſe ſoumettre aux volontez de Roger, ſe propoſant, tandis qu'on ſolliciteroit à Rome la diſpenſe de ſon mariage avec ſa couſine, de gagner par ſes bienfaits les Grands du Royaume, & d'établir ſi bien ſa puiſſance, qu'on ne pût l'obliger à remplir la condition du Teſtament.

Dès qu'il eut formé ce deſſein, il devint plus tranquile, & ſe tournant vers Conſtance, il lui confirma ce que le Grand Chancelier avoit lû devant toute l'Aſſemblée : Mais au moment même qu'il ſe trahiſſoit, juſqu'à lui offrir ſa foi, Blanche arriva dans la Salle du Conſeil ;
elle

elle y venoit par ordre de fon pere rendre fes devoirs à la Princeffe , & fes
oreilles en entrant furent frapées des
paroles d'Enrique. Outre cela, Léontio
ne voulant pas qu'elle pût douter de fon
malheur, lui dit en la prefentant à Conftance : Ma fille, rendez vos hommages
à votre Reine ; fouhaitez-lui les dou-
ceurs d'un régne floriffant, & d'un heureux hymenée. Ce coup terrible accabla
l'infortunée Blanche ; elle entreprit inutilement de cacher fa douleur, fon vifage rougit & pâlit fucceffivement, & tout
fon corps friffonna. Cependant la Princeffe n'en eut aucun foupçon ; elle attri-
bua le defordre de fon compliment à
l'embarras d'une jeune perfonne élevée
dans un defert, & peu accoutumée à la
Cour. Il n'en fût pas ainfi du jeune Roi ;
la vûë de Blanche lui fit perdre contenance , & le defefpoir qu'il remarquoit
dans fes yeux le mettoit hors de lui-même ; il ne doutoit pas que jugeant fur les
aparences , elle ne le crut infidèle ; il
auroit eu moins d'inquiétude, s'il eut pû
lui parler ; mais comment en trouver
les moyens, lorfque toute la Sicile, pour
ainfi dire , avoit les yeux fur lui ? D'ailleurs le cruel Siffredi lui en ôta l'efpé-

rance. Ce Ministre qui lisoit dans le cœur
de ces deux Amans, & vouloit prévenir
les malheurs que la violence de leur
amour pouvoit causer dans l'Etat, fit
adroitement sortir sa fille de l'Assemblée,
& reprit avec elle le chemin de Belmonte, résolu, pour plus d'une raison, de la
marier au plûtôt.

Lorsqu'ils y furent arrivez, il lui fit
connoître toute l'horreur de sa destinée;
il lui déclara qu'il l'avoit promise au
Connétable. Juste Ciel! s'écria-t'elle,
emportée par un mouvement de douleur que la presence de son pere ne pût
réprimer, à quels affreux suplices ré-
serviez-vous la malheureuse Blanche?
Son transport même fut si violent, que
toutes les puissances de son ame en furent
suspenduës; son corps se glaça, & deve-
nant froide & pâle, elle tomba évanoüie
entre les bras de son pere. Il fut touché
de l'état où il la voyoit; néanmoins
quoiqu'il ressentit vivement ses peines,
sa première résolution n'en fût point
ébranlée. Blanche reprit enfin ses es-
prits, plus par le vif ressentiment de sa
douleur, que par l'eau que Siffredi lui
jetta sur le visage; & lorsqu'en ouvrant
ses yeux languissans, elle l'aperçut qui
s'empressoit

s'empreſſoit à la ſecourir : Seigneur, lui
dit-elle d'une voix preſque éteinte, j'ai
honte de vous laiſſer voir ma foibleſſe :
mais la mort qui ne peut tarder à finir
mes tourmens, va bien-tôt vous délivrer
d'une malheureuſe fille, qui a pû diſpoſer
de ſon cœur ſans votre aveu. Non, ma
chére Blanche, répondit Léontio, vous
ne mourrez point, & votre vertu repren-
dra ſur vous ſon empire. La recherche
du Connétable vous fait honneur. C'eſt
le parti le plus conſidérable de l'Etat.....
J'eſtime ſa perſonne & ſon mérite, interrompit Blanche : mais, Seigneur, le
Roi m'avoit fait eſpérer..... Ma fille,
interrompit à ſon tour Siffredi, je ſçai
tout ce que vous pouvez dire là-deſſus ;
je n'ignore pas votre tendreſſe pour ce
Prince, & ne le deſaprouverois pas dans
d'autres conjonctures : Vous me verriez
même ardent à vous aſſurer la main
d'Enrique, ſi l'intérêt de ſa gloire, &
celui de l'Etat ne l'obligeoient pas à la
donner à Conſtance ; c'eſt à la condition
ſeule d'épouſer cette Princeſſe, que le feu
Roi l'a déſigné ſon ſucceſſeur : Voulez-
vous qu'il vous préfére à la Couronne de
Sicile ? Croyez que je gémis avec vous
du coup mortel qui vous frape ; cepen-

D 2　　dant,

dant, puifque nous ne pouvons aller contre les deftinées, faites un effort généreux ; il y va de votre gloire de ne pas
laiffer voir à tout le Royaume que vous
vous êtes flâtée d'une efpérance frivole ;
votre fenfibilité pour le Roi, donneroit
même lieu à des bruits defavantageux
pour vous ; & le feul moyen de vous en
préferver, c'eft d'époufer le Connétable.
Enfin, Blanche, il n'eft plus tems de délibérer, le Roi vous céde pour un Trône ; il époufe Conftance, le Connétable
a ma parole, dégagez-la, je vous en
prie ; & s'il eft néceffaire pour vous y
réfoudre, que je me ferve de mon autorité, je vous l'ordonne.

En achevant ces paroles, il la quitta
pour lui laiffer faire fes réfléxions fur
ce qu'il venoit de lui dire. Il efpéroit
qu'après avoir pefé les raifons dont il
s'étoit fervi pour foutenir fa vertu contre le panchant de fon cœur, elle fe dé-
termineroit d'elle-même à fe donner au
Connétable ; il ne fe trompa point, mais
combien en couta-t'il à la trifte Blanche
pour prendre cette réfolution ? Elle
étoit dans l'état du monde le plus digne
de pitié ; la douleur de voir fes preffentimens fur l'infidélité d'Enrique, tournez
en

en certitude , & d'être contrainte en le
perdant de se livrer à un homme qu'elle
ne pouvoit aimer, lui causoit des transports d'affliction si violens, que tous les
momens devenoient pour elle des suplices nouveaux : Si mon malheur est
certain, s'écrioit-elle, comment y puis-
je résister sans mourir ? Impitoyable
destinée ! pourquoi me repaissois-tu des
plus douces espérances , si tu devois me
précipiter dans un abîme de maux ? Et
toi, perfide Amant, tu te donnes à une
autre , quand tu me promets une éternelle fidélité ! As-tu donc pû si-tôt mettre en oubli la foi que tu m'as jurée ?
Pour te punir de m'avoir si cruellement
trompée, fasse le Ciel que le lit conjugal
que tu vas soüiller par un parjure , soit
moins le théâtre de tes plaisirs, que de tes
remords ! Que les caresses de Constance
versent un poison dans ton cœur infidèle !
puisse ton hymen devenir aussi affreux
que le mien ! Oüi, traître, je vais épouser le Connétable , que je n'aime point ,
pour me venger de moi-même , pour
me punir d'avoir si mal choisi l'objet de
ma folle passion. Puisque ma Religion
me défend d'attenter à ma vie, je veux
que les jours qui me restent à vivre, ne
soient

foient qu'un tiſſu malheureux de peines
& d'ennuis. Si tu conſerves encore pour
moi quelque ſentiment d'amour, ce ſera
me venger auſſi de toi, que de me jetter
à tes yeux entre les bras d'un autre ; &
ſi tu m'as entiérement oubliée, la Sicile
du moins pourra ſe vanter d'avoir produit une femme, qui s'eſt punie elle-même d'avoir trop legérement diſpoſé de
ſon cœur.

Ce fut dans une pareille ſituation que
cette triſte victime de l'amour & du devoir paſſa la nuit qui précéda ſon mariage
avec le Connétable. Siffredi la trouvant
le lendemain préte à faire ce qu'il ſou-
haitoit , ſe hâta de profiter de cette diſpoſition favorable, il fit venir le Connétable à Belmonte le jour même, & le ma-
ria ſecrettement avec ſa fille dans la Cha-
pelle du Château. Quelle journée pour
Blanche ! Ce n'étoit point aſſez de renoncer à une Couronne , de perdre un
Amant aimé, & de ſe donner à un objet
haï , il falloit encore qu'elle contraignît
ſes ſentimens devant un mari prévenu
pour elle de la paſſion la plus ardente &
naturellement jaloux. Cet époux charmé
de la poſſéder, étoit ſans ceſſe à ſes genoux. Il ne lui laiſſoit pas ſeulement la
triſte-

triste consolation de pleurer en secret
ses malheurs. La nuit arrivée, la fille de
Léontio sentit redoubler son affliction :
mais que devint-elle, lorsque ses femmes après l'avoir deshabillée, la laissé-
rent seule avec le Connétable ? Il lui demanda respectueusement la cause de l'a-
battement où elle sembloit être. Cette
question embarrassa Blanche, qui feignit
de se trouver mal. Son époux y fut d'a-
bord trompé ; mais il ne demeura pas
long-tems dans cette erreur. Comme il
étoit véritablement inquiet de l'état où
il la voyoit, & qu'il la pressoit de se mettre au lit, ses instances, qu'elle expliqua
mal, présentérent à son esprit une image
si cruelle, que ne pouvant plus se contraindre, elle donna un libre cours à ses
soûpirs & à ses larmes. Quelle vûë pour
un homme qui s'étoit crû au comble de
ses vœux ! Il ne douta plus que l'affliction de sa femme ne renfermât quelque
chose de sinistre pour son amour. Néanmoins, quoique cette connoissance le
mît dans une situation presque aussi déplorable que celle de Blanche, il eût
assez de force sur lui pour cacher ses
soupçons. Il redoubla ses empressemens,
& continua de presser son épouse de se
coucher,

coucher, l'aſſurant qu'il lui laiſſeroit
prendre tout le repos dont elle avoit beſoin ; il s'offrit même d'apeller ſes femmes, ſi elle jugeoit que leur ſecours pût
aporter quelque ſoulagement à ſon mal.
Blanche s'étant raſſurée ſur cette promeſſe , lui dit que le ſommeil ſeul lui
étoit néceſſaire dans la foibleſſe où elle
ſe ſentoit. Il feignit de la croire. Ils ſe
mirent tous deux au lit, & paſſérent une
nuit bien différente de celles que l'amour
& l'hymenée accordent à deux Amans
charmez l'un de l'autre.

Pendant que la fille de Siffredi ſe li-
vroit à ſa douleur, le Connétable cherchoit en lui-même ce qui pouvoit lui
rendre ſon mariage ſi rigoureux ; il jugeoit bien qu'il avoit un Rival , mais
quand il vouloit le découvrir, il ſe per-
doit dans ſes idées. Il ſçavoit ſeulement
qu'il étoit le plus malheureux de tous
les hommes. Il avoit déja paſſé les deux
tiers de la nuit dans ces agitations, lorſqu'un bruit ſourd frapa ſes oreilles ; il
fut ſurpris d'entendre quelqu'un traî-
ner lentement ſes pas dans la chambre ;
il crût ſe tromper, car il ſe ſouvint qu'il
avoit fermé la porte lui-même , après
que les femmes de Blanche furent ſor-
ties ,

ties. Il ouvrit le rideau pour s'éclaircir
par ses propres yeux de la cause du
bruit qu'il entendoit, mais la lumiére
qu'on avoit laissée dans la cheminée s'é-
toit éteinte, & bien-tôt il oüit une voix
foible & languissante qui apella Blanche à plusieurs reprises. Alors ses soupçons jaloux le transportérent de fureur,
& son honneur allarmé l'obligeant à se
lever pour prévenir un affront ou pour
en tirer vengeance, il prit son épée, il
marcha du côté que la voix lui sembloit
partir. Il sent une épée nuë qui s'opose
à la sienne. Il avance, on se retire. Il
poursuit, on se dérobe à sa poursuite.
Il cherche celui qui semble le fuir par
tous les endroits de la chambre autant
que l'obscurité le peut permettre, & ne
le trouve plus. Il s'arrête. Il écoute &
n'entend plus rien. Quel enchantement?
Il s'aproche de la porte dans la pensée
qu'elle avoit favorisé la fuite de ce secret
ennemi de son honneur, mais elle étoit
fermée au verroüil comme auparavant.
Ne pouvant rien comprendre à cette
avanture, il apella ceux de ses gens
qui étoient le plus à portée d'entendre
sa voix & comme il ouvrit la porte pour
cela, il en ferma le passage & se tint sur

Tome II.　　　　　E　　　　ses

fes gardes, craignant de laiffer échaper ce qu'il cherchoit.

A fes cris redoublez , quelque do-meftiques accoururent avec des flambeaux ; il prend une bougie & fait une nouvelle recherche dans la chambre en tenant fon épée nuë. Il n'y trouva toutefois perfonne, ni aucune marque apparente qu'on y fût entré. Il n'aperçut point de porte fecrette , ni d'ouverture par où l'on eût pû paffer. Il ne pouvoit pourtant s'aveugler lui - même fur les circonftances de fon malheur. Il demeura dans une étrange confufion de penfées. De recourir à Blanche , elle avoit trop d'interêt à déguifer la vérité, pour qu'il en dût attendre le moindre éclairciffement. Il prit le parti d'aller ouvrir fon cœur à Leontio , après avoir renvoyé fes gens en leur difant qu'il croïoit avoir entendu quelque bruit dans la chambre & qu'il s'étoit trompé. Il rencontra fon beau - pere qui fortoit de fon apartement au bruit qu'il avoit oüi, & lui racontant ce qui venoit de fe paffer, il fit ce recit avec toutes les marques d'une extrême agitation & d'une profonde douleur.

Siffredi fut furpris de l'avanture. Quoiqu'elle

qu'elle ne lui parut pas naturelle, il ne
laiſſa pas de la croire véritable ; & jugeant tout poſſible à l'amour du Roi ,
cette penſée l'affligea vivement. Mais
bien loin de flatter les ſoupçons jaloux de
ſon gendre , il lui repreſenta d'un air
d'aſſurance que cette voix qu'il s'imagi-
noit avoir entenduë , & cette épée qui
s'étoit opoſée à la ſienne , ne pouvoient
être que des fantômes d'une imagination ſéduite par la jalouſie : qu'il étoit
impoſſible que quelqu'un fût entré dans
la chambre de ſa fille : qu'à l'égard de
la triſteſſe qu'il avoit remarquée dans
ſon épouſe, quelque indiſpoſition l'avoit
peut-être cauſée : que l'honneur ne devoit point être reſponſable des altéra-
tions du tempérament : que le changement d'état d'une fille accoûtumée à
vivre dans un deſert & qui ſe voit bruſquement livrée à un homme qu'elle n'a
pas eu le tems de connoître & d'aimer,
pouvoit bien être la cauſe de ces pleurs ,
de ces ſoupirs & de cette vive affliction
dont il ſe plaignoit : que l'amour dans le
cœur des filles d'un ſang noble ne s'al-
lumoit que par le tems & par les ſervices : qu'il l'exhortoit à calmer ſes inquiétudes , à redoubler ſa tendreſſe & ſes

empreſſemens

empreſſemens pour diſpoſer Blanche à devenir plus ſenſible ; & qu'il le prioit enfin de retourner vers elle ; perſuadé que ſes défiances & ſon trouble offen-ſoient ſa vertu.

Le Connétable ne répondit rien aux raiſons de ſon beau-pere, ſoit qu'en ef-fet il commençât à croire qu'il pouvoit s'être trompé dans le deſordre où étoit ſon eſprit, ſoit qu'il jugeât plus à pro-pos de diſſimuler, que d'entreprendre inutilement de convaincre le vieillard d'un événement ſi dénué de vrai-ſem-blance. Il retourna dans l'apartement de ſa femme, ſe remit auprès d'elle & tâcha d'obtenir du ſommeil quelque re-lâche à ſes inquiétudes. Blanche de ſon côté, la triſte Blanche n'étoit pas plus tranquile. Elle n'avoit que trop entendu les mêmes choſes que ſon époux, & ne pouvoit prendre pour illuſion une avan-ture dont elle ſçavoit le ſecret & les mo-tifs. Elle étoit ſurpriſe qu'Enrique cher-chât à s'introduire dans ſon aparte-ment, après avoir donné ſi ſolemnelle-ment ſa foi à la Princeſſe Conſtance. Au lieu de s'aplaudir de cette démarche & d'en ſentir quelque joye, elle la regar-doit comme un nouvel outrage, & ſon

cœur

cœur en étoit tout enflamé de colére.

Tandis que la fille de Siffredi, prévenuë contre le jeune Roy, le croyoit le
plus coupable des hommes, ce malheureux Prince, plus épris que jamais de
Blanche, fouhaitoit de l'entretenir pour
la raffurer contre les aparences qui le
condamnoient. Il feroit venu plûtôt à
Belmonte pour cet effet, fi tous les foins
dont il avoit été obligé de s'occuper, le
lui euffent permis, mais il n'avoit pû
avant cette nuit fe dérober à fa Cour. Il
connoiffoit trop bien les détours d'un
lieu où il avoit été élevé, pour être en peine de fe gliffer dans le Château de Siffredi, & même il confervoit encore la clef
d'une porte fecrette, par où l'on entroit
dans les Jardins. Ce fut par-là qu'il gagna fon ancien apartement, & qu'enfuite il paffa dans la chambre de Blanche.
Imaginez-vous quel dût être l'étonnement de ce Prince d'y trouver un homme, & de fentir une épée opofée à la
fienne. Peu s'en fallût qu'il n'éclatât, &
ne fît punir à l'heure même l'audacieux
qui ofoit lever fa main facrilége fur fon
propre Roy : mais le ménagement qu'il
devoit à la fille de Léontio, fufpendit fon
reffentiment. Il fe retira de la même

E 3　　maniére

maniére qu'il étoit venu ; & plus troublé
qu'auparavant, il reprit le chemin de Palerme. Il y arriva quelques momens devant le jour, & s'enferma dans son apartement. Il étoit trop agité pour y prendre du repos. Il ne songeoit qu'à retourner à Belmonte. Sa sûreté, son honneur, & sur-tout son amour ne lui permettoit pas de différer l'éclaircissement
de toutes les circonstances d'une si cruelle avanture.

Dès qu'il fut jour, il commanda son
équipage de chasse ; & sous prétexte de
prendre ce divertissement, il s'enfonça
dans la Forêt de Belmonte avec ses Pi-
queurs, & quelques-uns de ses Courti-
sans. Il suivit quelque tems la chasse
pour cacher son dessein ; & lorsqu'il vit
que chacun couroit avec ardeur à la
queuë des chiens, il s'écarta de tout le
monde, & prit seul le chemin du Château
de Leontio. Il connoissoit trop les routes
de la Forêt, pour pouvoir s'y égarer ; &
son impatience ne lui permettant pas de
ménager son cheval, il eût en peu de
tems parcouru toute l'espace qui le sé-
paroit de l'objet de son amour. Il cherchoit dans son esprit quelque prétexte
plausible pour se procurer un entretien
secret

fecret avec la fille de Siffredi, quand tra-
verfant une petite route qui aboutiffoit à
une des portes du parc, il aperçut auprès de lui deux femmes affifes, qui s'entretenoient au pied d'un arbre. Il ne douta point que ces perfonnes ne fuffent du
Château, & cette vûë lui caufa de l'émotion : mais il fut bien plus agité, lorfque
ces femmes s'étant tournées de fon côté
au bruit que fon cheval faifoit en cou-
rant, il reconnut fa chére Blanche. Elle
s'étoit échapée du Château avec Nife,
celle de fes femmes qui avoit le plus de
part à fa confiance, pour pleurer du moins
fon malheur en liberté.

Il vola. Il fe précipita, pour ainfi dire,
à fes pieds ; & voyant dans fes yeux tous
les fignes de la plus profonde affliction,
il en fut attendri. Belle Blanche, lui
dit-il, fufpendez les mouvemens de votre douleur. Les aparences, je l'avouë,
me peignent coupable à vos yeux : mais
quand vous ferez inftruite du deffein que
j'ai formé pour vous, ce que vous regar-
dez comme un crime, vous paroîtra
une preuve de mon innocence, & de l'excès de mon amour. Ces paroles qu'Enrique croyoit capables de modérer l'affliction de Blanche, ne fervirent qu'à la
E 4   redoubler.

redoubler. Elle voulut répondre, mais les sanglots étouffèrent sa voix. Le Prince étonné de son saisissement, lui dit : Quoi, Madame, je ne puis calmer votre trouble ! Par quel malheur ai-je perdu votre confiance, moi qui mets en péril ma couronne, & même ma vie, pour me conserver à vous ? Alors la fille de Léontio faisant un effort sur elle pour s'expliquer, lui dit : Seigneur, vos promesses ne font plus de faison. Rien deformais ne peut lier ma deſtinée à la vôtre. Ah ! Blanche, interrompit brufquement Enrique, quelles paroles cruelles me faites-vous entendre ? Qui peut vous enlever à mon amour ? Qui voudra s'opofer à la fureur d'un Roy, qui mettroit en feu toute la Sicile, plûtôt que de vous laiſſer ravir à ſes eſpérances ? Tout votre pouvoir, Seigneur, reprit languiſſamment la fille de Siffredi, devient inutile contre les obſtacles qui nous féparent. Je fuis femme du Connétable.

Femme du Connétable, s'écria le Prince en reculant de quelques pas ! Il ne pût continuer, tant il fut faifi, accablé de ce coup imprévu. Ses forces l'abandonnérent. Il fe laiſſa tomber au pied d'un arbre qui fe trouva derriére lui. Il
étoit

étoit pâle, tremblant, défait, & n'avoit
de libre que les yeux, qu'il attacha sur
Blanche, d'une maniére à lui faire comprendre combien il étoit sensible au
malheur qu'elle lui annonçoit. Elle le
regardoit de son côté d'un air qui lui
faisoit assez connoître que ses mouvemens étoient peu différens des siens, &
ces deux amans infortunez gardoient entr'eux un silence qui avoit quelque chose
d'affreux. Enfin, le Prince revenant un
peu de son desordre par un effort de courage, reprit la parole, & dit à Blanche
en soûpirant : Madame, qu'avez-vous
fait ? Vous m'avez perdu, & vous vous
êtes perduë vous-même par votre cré-
dulité.

Blanche fut piquée de ce que le Prince
sembloit lui faire des reproches, lorsqu'elle croyoit avoir les plus fortes rai-
sons de se plaindre de lui. : Quoi, Seigneur, répondit-elle, vous ajoutez la
dissimulation à l'infidélité ! Vouliez-vous
que je démentisse mes yeux & mes oreilles, & que malgré leur raport, je vous
crusse innocent ? Non, Seigneur, je vous
l'avouë, je ne suis point capable de cet
effort de raison. Cependant, Madame,
repliqua le Roy, ces témoins, qui vous
paroissent

paroiſſent ſi fidèles, vous ont impoſé.
Ils ont aidé eux-mêmes à vous trahir ;
& il n'eſt pas moins vrai que je ſuis innocent & fidèle, qu'il eſt vrai que vous
êtes l'épouſe du Connétable. Hé! quoi,
Seigneur, reprit - elle, je ne vous ai
point entendu confirmer à Conſtance le
don de votre main & de votre cœur ?
Vous n'avez point aſſuré les Grands de
l'Etat que vous rempliriez les volontez
du feu Roy, & la Princeſſe n'a pas reçû les hommages de vos nouveaux Sujets, en qualité de Reine & d'épouſe du
Prince Enrique ! Mes yeux étoient - ils
donc faſcinez ? Dites, dites plûtôt, infidèle, que vous n'avez pas crû que
Blanche dût balancer dans votre cœur
l'intérêt d'un Trône ; & ſans vous
abaiſſer à feindre ce que vous ne ſentez
plus, & ce que vous n'avez peut-être
jamais ſenti, avoüez que la Couronne
de Sicile vous a paru plus aſſurée avec
Conſtance, qu'avec la fille de Leontio.
Vous avez raiſon, Seigneur; un Trône
éclatant ne m'étoit pas plus dû que le
cœur d'un Prince tel que vous. J'étois
trop vaine d'oſer prétendre à l'un & à
l'autre: mais vous ne deviez pas m'entretenir dans cette erreur. Vous ſçavez
les

les allarmes que je vous ai témoignées, sur votre perte, qui me sembloit presque infaillible pour moi ; pourquoi m'avez-vous rassurée ? Falloit-il dissiper mes craintes ? J'aurois accusé le sort plûtôt que vous, & du moins vous auriez conservé mon cœur au défaut d'une main qu'un autre n'eût jamais obtenuë de moi ; il n'est plus tems presentement de vous justifier ; je suis l'épouse du Connétable ; & pour m'épargner la suite d'un entretien qui fait rougir, ma gloire, souffrez, Seigneur, que sans manquer au respect que je vous dois, je quitte un Prince qu'il ne m'est plus permis d'écouter.

A ces mots, elle s'éloigna d'Enrique avec toute la précipitation dont elle pouvoit être capable dans l'état où elle se trouvoit. Arrêtez, Madame, s'écria-t'il, ne desespérez point un Prince plus disposé à renverser un Trône que vous lui reprochez de vous avoir préféré, qu'à répondre à l'attente de ses nouveaux Sujets. Ce sacrifice est presentement inutile, reprit Blanche, il falloit me ravir au Connétable, avant que de faire éclater des transports si généreux ; puisque je ne suis plus libre, il
m'importe

m'importe peu que la Sicile foit réduite
en cendre , & à qui vous donniez votre
main. Si j'ai eu la foibleffe de laiffer furprendre mon cœur , du moins j'aurai
la fermeté d'en étouffer les mouvemens,
& de faire voir au nouveau Roi de Sicile que l'époufe du Connétable n'eft
plus l'Amante du Prince Enrique. En
parlant de cette forte, comme elle touchoit à la porte du parc , elle y rentra
brufquement avec Nife , & fermant
après elle cette porte , elle laiffa le Prince
accablé de douleur. Il ne pouvoit revenir
du coup que Blanche lui avoit porté par
la nouvelle de fon Mariage. Injufte
Blanche , s'écrioit-il , vous avez perdu la
mémoire de notre engagement ; malgré
mes fermens & les vôtres , nous fommes
féparez. L'idée que je m'étois faite de
pofféder vos charmes n'étoit donc qu'une
vaine illufion. Ah ! cruelle , que j'achete chérement l'avantage de vous avoir
fait aprouver mon amour.

Alors l'image du bonheur de fon rival vint s'offrir à fon efprit avec toutes
les horreurs de la jaloufie, & cette paffion prit fur lui tant d'empire pendant
quelques momens, qu'il fût fur le point
d'immoler à fon reffentiment le Connétable

table & Siffredi même. La raison toutefois calma peu à peu la violence de ses transports ; cependant l'impossibilité où il se voyoit d'ôter à Blanche les impressions qu'elle avoit de son infidélité, le mettoit au désespoir ; il se flattoit de les effacer, s'il pouvoit l'entretenir en liberté. Pour y parvenir, il jugea qu'il falloit éloigner le Connétable, & il se résolut à le faire arrêter comme un homme suspect dans les conjonctures où l'Etat se trouvoit. Il en donna l'ordre au Capitaine de ses Gardes qui se rendit à Belmonte, s'assura de sa personne à l'entrée de la nuit & le mena au Château de Palerme.

Cet incident répandit à Belmonte la consternation. Siffredi partit sur le champ pour aller répondre au Roy de l'innocence de son Gendre & lui representer les suites fâcheuses d'un pareil emprisonnement. Ce Prince, qui s'étoit bien attendu à cette démarche de son Ministre, & qui vouloit au moins se ménager une libre entrevûë avec Blanche avant que de relâcher le Connétable, avoit expressément défendu que personne lui parlât jusqu'au lendemain ; mais Léontio malgré cette défense, fit si bien qu'il entra

tra

tra dans la chambre du Roi : Seigneur,
dit-il en se presentant devant lui, s'il
est permis à un sujet respectueux & fidèle de se plaindre de son Maître, je
viens me plaindre à vous de vous même. Quel crime à commis mon Gendre?
Votre Majesté a-t-elle bien réfléchi sur
l'oprobre éternel dont elle couvre ma
famille; & sur les suites d'un emprisonnement qui peut aliéner de votre service les personnes qui remplissent les
postes de l'Etat les plus importans? J'ai
des avis certains, répondit le Roi, que
le Connétable a des intelligences criminelles avec l'Infant Don Pédre. Des intelligences criminelles, interrompit avec
surprise Léontio! Ah, Seigneur, ne le
croyez pas! L'on abuse votre Majesté;
la trahison n'eut jamais d'entrée dans
la famille de Siffredi, & il suffit au
Connétable qu'il soit mon Gendre,
pour être à couvert de tout soupçon.
Le Connétable est innocent; mais des
vûës secrettes vous ont porté à le faire
arrêter.

Puisque vous me parlez si ouverte-
ment, repartit le Roi, je vais vous parler de la même maniére : Vous vous
plaignez de l'emprisonnement du Connétable?

nétable ? hé n'ai-je point à me plaindre
de votre cruauté ? C'est vous , barbare
Siffredi , qui m'avez ravi mon repos &
réduit par vos soins officieux à envier le
sort des plus vils mortels : car ne vous
flattez pas que j'entre dans vos idées ,
mon Mariage avec Constance est vainement résolu... Quoi , Seigneur , interrompit en frémissant Léontio, vous pour-
riez ne point épouser la Princesse , après
l'avoir flatée de cette espérance aux yeux
de tous vos Peuples ? Si je trompe leur
attente , repliqua le Roi , ne vous en prenez qu'à vous. Pourquoi m'avez-vous
mis dans la nécessité de leur promettre
ce que je ne pouvois leur accorder ? Qui
vous obligeoit à remplir du nom de Constance un Billet que j'avois fait à votre
fille ? Vous n'ignoriez pas mon inten-
tion. Falloit-il tirannifer le cœur de
Blanche en lui faisant épouser un homme qu'elle n'aimoit pas ? & quel droit
avez-vous sur le mien pour en disposer
en faveur d'une Princesse que je haïs ?
Avez-vous oublié qu'elle est fille de cette cruelle Malthide qui foulant aux pieds
les droits du sang & de l'humanité , fit
expirer mon pere dans les rigueurs d'une
duré captivité ? Et je l'épouserois ! Non
Siffredi ,

Siffredi ; perdez cette efpérance ; avant
que de voir allumer le flambeau de cet
affreux hymen , vous verrez toute la
Sicile en flammes & fes fillons inondez
de fang.

L'ai-je bien entendu , s'écria Léontio ? Ah , Seigneur , que me faites-vous
envifager ! quelles terribles menaces !
Mais je m'allarme mal-à-propos , continua t'il en changeant de ton : Vous ché-
riffez trop vos Sujets , pour leur procurer une fi trifte deftinée. Vous ne vous
laifferez point furmonter par l'amour ;
vous ne ternirez pas vos vertus en tombant dans les foibleffes des hommes ordinaires. Si j'ai donné ma fille au Connétable , je ne l'ai fait , Seigneur , que
pour acquérir à votre Majefté un fujet
vaillant qui pût apuyer de fon bras &
de l'armée dont il difpofe vos intérêts
contre ceux du Prince Don Pédre. J'ai
crû qu'en le liant à ma famille par des
nœuds fi étroits....Hé!ce font ces nœuds,
s'écria le Prince Enrique , ce font ces
funeftes nœuds qui m'ont perdu.' Cruel
ami ! pourquoi me porter un coup fi
fenfible ? Vous avois-je chargé de ménager mes intérêts aux dépens de mon
cœur ? Que ne me laiffiez-vous foutenir

mir mes droits moi-même ? Manquai-je
je de courage pour réduire ceux de mes
sujets qui voudront s'y oposer ? J'aurois bien sçû punir le Connétable, s'il
m'eût desobéï. Je sçai que les Rois ne
font pas des tyrans : que le bonheur de
leurs peuples est leur premier devoir,
mais doivent-ils être les esclaves de leurs
sujets ? & du moment que le Ciel les
choisit pour gouverner, perdent-ils le
droit que la nature accorde à tous les
hommes de disposer de leurs affections ?
Ah ! s'ils n'en peuvent joüir comme les
derniers des mortels, reprenez, Siffredi,
cette souveraine puissance que vous
m'avez voulu assurer aux dépens de
mon repos.

Vous ne pouvez ignorer, Seigneur,
repliqua le Ministre, que c'est au mariage de la Princesse que le feu Roi
votre oncle attache la succession de la
Couronne. Et quel droit, repartit Enrique, avoit-il lui-même d'établir cette
disposition ? Avoit-il reçû cette indigne
loy du Roi Charles son frere, lorsqu'il
lui succéda ? Deviez-vous avoir la foiblesse de vous soûmettre à une condition
si injuste ? Pour un grand Chancelier,
vous êtes bien mal instruit de nos usa-

gés. En un mot, quand j'ai promis ma
main à Conſtance, cet engagement n'a
pas été volontaire. Je ne prétens point
tenir ma promeſſe ; & ſi D. Pedre ſonde
ſur mon refus l'eſpérance de monter au
Trône , ſans engager les peuples dans
un démêlé qui coûteroit trop de ſang ,
l'épée pourra décider entre nous qui des
deux ſera le plus digne de régner. Léontio n'oſa le preſſer davantage & ſe contenta de lui demander à genoux la liberté de ſon gendre ; ce qu'il obtint. Allez , lui dit le Roi, retournez à Belmonte. Le Connétable vous y ſuivra
bien-tôt. Le Miniſtre ſortit & regagna
Belmonte, perſuadé que ſon gendre mar-
cheroit inceſſamment ſur ſes pas. Il ſe
trompoit. Enrique vouloit voir Blanche
cette nuit , & pour cet effet il remit au
lendemain matin l'élargiſſement de ſon
époux.

Pendant ce tems-là le Connétable
faiſoit de cruelles réfléxions. Son empri-
ſonnement lui avoit ouvert les yeux ſur
la véritable cauſe de ſon malheur. Il
s'abandonna tout entier à ſa jalouſie, &
démentant la fidélité qui l'avoit juſqu'a-
lors rendu ſi recommandable , il ne reſ-
pira plus que vengeance. Comme il jugeoit

geoit bien que le Roi ne manqueroit pas
cette nuit d'aller trouver Blanche, pour
les furprendre enfemble, il pria le Gouverneur du château de Palerme de le
laiffer fortir de prifon, l'affurant qu'il y
rentreroit le lendemain avant le jour. Le
Gouverneur qui lui étoit tout dévoüé, y
confentit d'autant plus facilement qu'il
avoit déja fçû que Siffredi avoit obtenu
fa liberté, & même il lui fit donner un
cheval pour fe rendre à Belmonte. Le
Connétable y étant arrivé, attacha fon
cheval à un arbre ; entra dans le parc par
une petite porte dont il avoit la clef, &
fut affez heureux pour fe gliffer dans le
château, fans rencontrer perfonne. Il
gagna l'apartement de fa femme, & fe
cacha dans l'antichambre derriére un pa-
ravant qu'il y trouva fous fa main. Il fe
propofoit d'obferver de-là tout ce qui fe
pa_eroit, & de paroître fubitement dans
la chambre de Blanche au moindre bruit
qu'il y entendroit. Il en vit fortir Nife
qui venoit de quitter fa maîtreffe pour
fe retirer dans un cabinet où elle couchoit.

La fille de Siffredi qui avoit pénétré
fans peine le motif de l'emprifonnement
de fon mari, jugeoit bien qu'il ne re-
F 2   viendroit

viendroit pas cette nuit à Belmonte ,
quoique ſon pere lui eût dit que le Roi
l'avoit aſſuré que le Connétable parti-
roit bien-tôt après lui. Elle ne doutoit
pas qu'Enrique ne voulut profiter de la
conjonĉture pour la voir & l'entretenir
en liberté. Dans cette penſée, elle attendoit ce Prince , pour lui reprocher
une aĉtion qui pouvoit avoir de terribles
ſuites pour elle ; effeĉtivement, peu de
tems après la retraite de Niſe , la couliſſe s'ouvrit , & le Roi vint ſe jetter
aux genoux de Blanche : Madame , lui
dit - il , ne me condamnez point ſans
m'entendre ; ſi j'ai fait empriſonner le
Connétable , ſongez que c'étoit le ſeul
moyen qui me reſtoit pour me juſtifier :
N'imputez donc qu'à vous ſeule cet artifice ; pourquoi ce matin refuſiez-vous
de m'entendre ? Hélas ! demain votre
époux ſera libre , & je ne pourrai plus
vous parler ! Ecoutez-moi donc pour la
derniére fois ; ſi votre perte rend mon
ſort déplorable, accordez-moi du moins
la triſte conſolation de vous aprendre
que je ne me ſuis point attiré ce malheur
par mon infidélité. Si j'ai confirmé à
Conſtance le don de ma main, c'eſt que
je ne pouvois m'en diſpenſer dans la ſi-

tuation

tuation où votre pere avoit réduit les choses. Il falloit tromper la Princesse pour votre intérêt & pour le mien, pour vous assurer la Couronne & la main de votre Amant; je me promettois d'y réüssir. J'avois déja pris des mesures pour rompre cét engagement, mais vous avez détruit mon ouvrage, & disposant de vous trop legérement, vous avez préparé une éternelle douleur à deux cœurs qu'un parfait amour auroit rendu contens.

Il acheva ce discours avec des signes si visibles d'un véritable desespoir, que Blanche en fut touchée. Elle ne douta plus de son innocence; elle en eut d'abord de la joïe; ensuite le sentiment de son infortune en devint plus vif. Ah! Seigneur, dit-elle au Prince, après la disposition que le destin a fait de nous, vous me causez une peine nouvelle en m'aprenant que vous n'étiez pas coupable! Qu'ai-je fait malheureuse! Mon ressentiment m'a séduite; je me suis crû abandonnée, & dans mon dépit j'ai reçu la main du Connétable, que mon pere m'a presenté; j'ai fait le crime & nos malheurs. Hélas! dans le tems que je vous accusois de me tromper, c'étoit

donc

donc moi , trop crédule Amante , qui rompois des nœuds que j'avois juré de rendre éternels ! Vengez - vous , Seigneur , à votre tour ; haïssez l'ingrate Blanche . . . . Oubliez. . . . Hé le puis-je, Madame , interrompit triftement Enrique ! Le moyen d'arracher de mon cœur une paffion que votre injuftice même ne fçauroit éteindre. Il faut pourtant vous faire cet effort, Seigneur , reprit en foupirant la fille de Siffredi. . . . Hé ferez-vous capable de cet effort , vous-même , repliqua le Roi ? Je ne me promets pas d'y réüffir , repartit-elle ; mais je n'épargnerai rien pour en venir à bout. Ah cruelle ! dit le Prince , vous oublierez facilement Enrique , puifque vous pouvez en former le deffein. Quelle eft donc votre penfée, dit Blanche d'un ton plus ferme ? Vous flâtez-vous que je puiffe vous permettre de continuer à me rendre des foins ? Non, Seigneur, renoncez à cette efpérance ; fi je n'étois pas née pour être Reine, le Ciel ne m'a pas non plus formée pour écouter un amour illégitime. Mon époux eft comme vous , Seigneur, de la noble Maifon d'Anjou, & quand ce que je lui dois n'opoferoit pas un obftacle infurmontable à vos galanteries,

lanteries, ma gloire m'empêcheroit de les souffrir; je vous conjure de vous retirer, il ne faut plus nous voir. Quelle barbarie, s'écria le Roi! Ah! Blanche, est-il possible que vous me traitiez avec tant de rigueur? Ce n'est donc point assez pour m'accabler, que vous soyez entre les bras du Connétable, vous voulez encore m'interdire votre vûë, la seule consolation qui me reste! Fuyez plûtôt, répondit la fille de Siffredi en versant quelques larmes, la vûë de ce qu'on a tendrement aimé n'est plus un bien, lorsqu'on a perdu l'espérance de le posséder. Adieu, Seigneur, fuyez-moi: vous devez cet effort à votre gloire & à ma réputation, je vous le demande aussi pour mon repos; car enfin, quoique ma vertu ne soit point allarmée des mouvemens de mon cœur, le souvenir de votre tendresse me livre des combats si cruels, qu'il m'en coûte trop pour les soutenir.

Elle prononça ces paroles avec tant de vivacité, qu'elle renversa, sans y penser, un flambeau qui étoit sur une table derriére elle; la bougie s'éteignit en tombant, Blanche la ramasse, & pour la rallumer, elle ouvre la porte de l'antichambre

tichambre & gagne le Cabinet de Nife qui n'étoit pas encore couchée, puis elle revient avec de la lumiére. Le Roi qui attendoit fon retour, ne la vid pas plûtôt, qu'il fe remit à la preffer de fouffrir fon attachement. A la voix de ce Prince, le Connétable, l'épée à la main, entra brufquement dans la chambre prefque en même-tems que fon époufe, & s'avançant vers Enrique avec tout le reffentiment que fa rage lui infpiroit: C'en eft trop, Tyran, lui cria-t'il, ne crois pas que je fois affez lâche pour endurer l'affront que tu fais à mon honneur. Ah ! traître, lui répondit le Roi, en fe mettant en défenfe, ne t'imagine pas toi-même pouvoir impunément exécuter ton deffein. A ces mots, ils commencérent un combat qui fut trop vif pour durer long-tems. Le Connétable craignant que Siffredi & fes Domeftiques n'accouruffent trop vîte aux cris que pouffoit Blanche & ne s'opofaffent à fa vengeance, ne fe ménagea point ; fa fureur lui ôta le jugement ; il prit fi mal fes mefures, qu'il s'enferra lui-même dans l'épée de fon ennemi ; elle lui entra dans le corps jufqu'à la garde ; il tomba & le Roi s'arrêta dans le moment.

La

La Fille de Léontio touchée de l'état où elle voyoit son époux, & surmontant la répugnance naturelle qu'elle avoit pour lui, se jetta à terre, & s'empressa de le secourir. Mais ce malheureux époux étoit trop prévenu contr'elle, pour se laisser attendrir aux témoignages qu'elle lui donnoit de sa douleur & de sa compassion. La mort, dont il sentoit les approches, ne pût étouffer les transports de sa jalousie. Il n'envisagea dans ces derniers momens, que le bonheur de son Rival, & cette idée lui parut si affreuse, que rapellant tout ce qui lui restoit de force, il leva son épée, qu'il tenoit encore, & la plongea toute entiére dans le sein de Blanche. Meurs, lui dit-il, en la perçant, meurs, infidèle épouse, puisque les nœuds de l'hymenée n'ont pû me conserver une foi que tu m'avois jurée sur les Autels. Et toi, poursuivit-il, Enrique, ne t'aplaudis point de ta destinée. Tu ne sçaurois joüir de mon malheur. Je meurs content. En achevant de parler de cette sorte, il expira, & son visage, tout couvert qu'il étoit des ombres de la mort, avoit encore quelque chose de fier & de terrible. Celui de Blanche offroit un spectacle bien diffé-

rent.

rent. Le coup qui l'avoit frapée étoit
mortel. Elle tomba fur le corps mourant
de fon époux ; & le fang de l'innocente
victime fe confondoit avec celui de fon
meurtrier, qui avoit fi brufquement exécuté fa cruelle réfolution, que le Roy
n'en avoit pû prévenir l'effet.

Ce Prince infortuné fit un cri, en
voyant tomber Blanche ; & plus frapé
qu'elle du coup qui l'arrachoit à la vie,
il fe mit en devoir de lui rendre les mêmes foins qu'elle avoit voulu prendre,
& dont elle avoit été fi mal récompen-
fée. Mais elle lui dit d'une voix mou-
rante : Seigneur, votre peine eft inutile ;
je fuis la victime que le fort impitoyable
demandoit. Puiffe-t'elle apaifer fa colére, & affurer le bonheur de votre régne. Comme elle achevoit ces paroles,
Léontio, attiré par les cris qu'elle avoit
pouffez, arriva dans la chambre ; &
faifi des objets qui fe prefentoient à fes
yeux, il demeura immobile. Blanche
fans l'apercevoir, continua de parler au
Roy. Adieu, Prince, lui dit-elle ; con-
fervez chérement ma mémoire. Ma tendreffe & mes malheurs vous y obligent.
N'ayez point de reffentiment contre
mon pere. Ménagez fes jours & fa douleur,

teur, & rendez justice à son zèle. Sur-
tout, faites-lui connoître mon innocence. C'est ce que je vous recommande
plus que toute autre chose. Adieu, mon
cher Enrique.... je meurs... recevez
mon dernier soupir.

A ces mots, elle mourut. Le Roy garda quelque tems un morne silence. Ensuite il dit à Siffredi qui paroissoit dans un accablement mortel: Voyez, Léontio, con-
templez votre ouvrage. Considérez dans
ce tragique événement le fruit de vos
soins officieux, & de votre zèle pour moi.
Le Vieillard ne répondit rien, tant il étoit
pénétré de douleur. Mais pourquoi m'arrêter à décrire des choses qu'aucuns termes ne peuvent exprimer ? Il suffit de
dire qu'ils firent l'un & l'autre les plain-
tes du monde les plus touchantes, dès
que leur affliction leur permit de faire
éclater leurs mouvemens.

Le Roy conserva toute sa vie un tendre souvenir de son amante. Il ne put se
résoudre à épouser Constance. L'Infant
Don Pedre se joignit à cette Princesse, &
tous deux ils n'épargnérent rien pour
faire valoir la disposition du Testament
de Roger : mais ils furent enfin obligez
de céder au Prince Enrique, qui vint à

G 2 bout

bout de ſes ennemis. Pour Siffredi, le chagrin qu'il eut d'avoir cauſé tant de malheurs, le détacha du monde, & lui rendit
inſuportable le ſéjour de ſa Patrie. Il
abandonna la Sicile ; & paſſant en Eſpagne avec Porcie, la fille qui lui reſtoit, il
acheta ce Château. Il vécut ici près de
quinze années après la mort de Blanche;
& il eut avant que de mourir, la conſolation de marier Porcie. El'e épouſa Don
Jérôme de Silva, & je ſuis l'unique fruit
de ce mariage. Voilà, pourſuivit la veuve de Don Pedro de Pinarés, l'hiſtoire de
ma famille, & un fidèle recit des malheurs qui ſont repreſentez dans ce tableau, que Léontio mon ayeul fit faire
pour laiſſer à ſa poſtérité un monument
de cette funeſte avanture.

CHAPITRE V.

De ce que fit Aurore de Guzman, lorſqu'elle
fut à Salamanque.

ORtiz, ſes compagnes & moi, après
avoir entendu cette hiſtoire, nous
ſortîmes de la Salle, où nous laiſſâmes
Aurore avec Elvire. Elles y paſſérent le
reſte

refte de la journée à s'entretenir. Elles
ne s'ennuyoient point l'une avec l'autre,
& le lendemain quand nous partîmes,
elles eurent autant de peine à fe quitter,
que deux amies qui fe font fait une douce habitude de vivre enfemble.

Enfin, nous arrivâmes fans accident à
Salamanque. Nous y loüâmes d'abord
une maifon toute meublée ; & la Dame
Ortiz, ainfi que nous en étions conve-
nus, prit le nom de Dona Kiména de
Guzman. Elle avoit été trop long-tems
Duegne, pour n'être pas une bonne actrice. Elle fortit un matin avec Aurore,
une femme de chambre, & un valet, &
fe rendit à un Hôtel garni, où nous avions
apris que Pacheco logeoit ordinairement. Elle demanda s'il y avoit quelque
apartement à loüer ? On lui répondit
qu'oüi, & on lui en montra un affez
propre, qu'elle arrêta. Elle donna même de l'argent d'avance à l'Hôteffe, en
lui difant que c'étoit pour un de fes
neveux, qui venoit de Toléde étudier à
Salamanque, & qui devoit arriver ce
jour-là.

La Duegne & ma Maîtreffe, après s'ê-
tre affurées de ce logement, revinrent
fur leurs pas, & la belle Aurore, fans per-

G 3   dre

dre de tems, se travestit en Cavalier :
elle couvrit ses cheveux noirs d'une fausse
chévelure blonde, se teignit les sourcils
de la même couleur, & s'ajusta de sorte
qu'elle pouvoit fort bien passer pour un
jeune Seigneur. Elle avoit l'action libre
& aisée, & à la réserve de son visage, qui
étoit un peu trop beau pour un homme,
rien ne trahissoit son déguisement. La
suivante qui devoit lui servir de Page,
s'habilla aussi, & nous n'apréhendions
point qu'elle fit mal son personnage :
outre qu'elle n'étoit pas des plus jolies,
elle avoit un petit air effronté qui con-
venoit fort à son rôle. L'après-dînée, les
deux Actrices se trouvant en état de paroître sur la Scène, c'est-à-dire, dans l'hôtel garni, j'en pris le chemin avec elles.
Nous y allâmes tous trois en carosse, &
nous y portâmes toutes les hardes dont
nous avions besoin.

L'Hôtesse, apellée Bernarda Ramirez, nous reçut avec beaucoup de civilité, & nous conduisit à notre apartement, où nous commençâmes à l'entretenir. Nous convînmes de la nourriture
qu'elle auroit soin de nous fournir, &
de ce que nous lui donnerions pour cela
tous les mois. Nous lui demandâmes ensuite

fuite fi elle avoit bien des Penfionnaires.
Je n'en ai pas prefentement, nous répondit-elle ; je n'en manquerois point,
fi j'étois d'humeur à prendre toute forte
de perfonnes ; mais je ne veux que de
jeunes Seigneurs. J'en attends ce foir un
qui vient de Madrid achever ici fes étu-
des. C'eft Don Luis Pacheco. Vous en
avez peut-être entendu parler. Non ,
lui dit Aurore, je ne fçai quel homme
c'eft, & vous me ferez plaifir de me l'a-
prendre, puifque je dois demeurer avec
lui. Seigneur, reprit l'Hôteffe en regar-
dant ce faux Cavalier, c'eft une figure
toute brillante ; il eft fait à peu près comme vous. Ah ! que vous ferez bien enfemble l'un & l'autre ! Par faint Jacques !
je pourrai me vanter d'avoir chez moi
les deux plus gentils Seigneurs d'Efpagne. Ce Don Luis, repliqua ma Maîtreffe, a fans doute en ce Païs-ci mille
bonnes fortunes ? Oh ! je vous en affure,
repartit la Vieille ; c'eft un Verd-Galant
fur ma parole. Il n'a qu'à fe montrer
pour faire des conquêtes. Il a charmé
entr'autres une Dame qui a de la jeuneffe & de la beauté. On la nomme Ifabelle ; c'eft la fille d'un vieux Docteur
en Droit. Elle en eft , ce qui s'apelle

G 4 folle.

folle. Et dites-moi, ma bonne, interrompit Aurore avec précipitation, en
eſt-il fort amoureux ? Il l'aimoit, répondit Bernarda Ramirez, avant ſon départ
pour Madrid. Mais je ne ſçai s'il l'aime encore ; car il eſt un peu ſujet à
caution. Il court de femme en femme,
comme tous les jeunes Cavaliers ont
coutume de faire.

La bonne veuve n'avoit pas achevé de
parler, que nous entendîmes du bruit
dans la cour. Nous regardâmes auſſi-tôt
par la fenêtre, & nous aperçûmes
deux hommes qui deſcendoient de cheval. C'étoit Don Luis Pacheco lui-même, qui arrivoit de Madrid, avec un
valet de chambre. La Vieille nous quitta
pour aller le recevoir, & ma Maîtreſſe
ſe diſpoſa, non ſans émotion, à joüer le
rôle de Don Félix. Nous vîmes bien-
tôt entrer dans notre apartement Don
Luís, encore tout botté. Je viéns d'a-
prendre, dit-il en ſaluant Aurore, qu'un
jeune Seigneur Tolédan eſt logé dans
cet Hôtel. Il veut bien que je lui témoigne la joye que j'ai de l'avoir pour
convive. Péndant que ma Maîtreſſe répondoit à ce compliment, Pacheco me
parut ſurpris de trouver un Cavalier ſi
aimable.

aimable. Auffi ne pût-il s'empêcher de lui
dire qu'il n'en avoit jamais vû de fi beau,
ni de fi bien fait. Après force difcours,
pleins de politeffe de part & d'autre,
Don Luis fe retira dans l'apartement
qui lui étoit deftiné.

Tandis qu'il y faifoit ôter fes bottes,
& changeoit d'habit & de linge, une
efpéce de Page qui le cherchoit pour lui
rendre une Lettre, rencontra par hazard
Aurore fur l'efcalier. Il la prit pour Don
Luis; & lui remettant le billet dont il
étoit chargé : Tenez, Seigneur Cavalier, lui dit-il, quoique je ne connoiffe
pas le Seigneur Pacheco, je ne croi pas
avoir befoin de vous demander fi vous
l'êtes. Je fuis perfuadé que je ne me
trompe point. Non, mon ami, répondit
ma Maîtreffe avec une prefence d'efprit
admirable ; vous ne vous trompez pas
affurément. Vous vous acquitez de vos
commiffions à merveilles. Je fuis Don
Luis Pacheco. Allez : j'aurai foin de faire tenir ma réponfe. Le Page difparut ;
& Aurore s'enfermant avec fa fuivante
& moi, ouvrit la Lettre, & nous lût
ces paroles : *Je viens d'aprendre que vous
êtes à Salamanque. Avec quelle joye j'ai
reçu cette nouvelle ! J'en ai penfé perdre
l'efprit.*

l'esprit. *Mais aimez-vous encore Isabelle?*
Hâtez-vous de l'assûrer que vous n'avez
point changé. Je crois qu'elle mourra de
plaisir, si elle vous retrouve fidèle.

Le billet est passionné, dit Aurore;
il marque une ame bien éprise. Cette
Dame est une rivale qui doit m'allarmer.
Il faut que je n'épargne rien pour en
détacher Don Luis, & pour empêcher
même qu'il ne la revoye. L'entreprise,
je l'avouë, est difficile. Cependant je ne
desespére pas d'en venir à bout. Ma Maîtresse se mit à rêver là-dessus; & un
moment après, elle ajoûta. Je vous les
garantis broüillez en moins de vingt-
quatre heures. En effet, Pacheco s'é-
tant un peu reposé dans son apartement, vint nous retrouver dans le nôtre, & renoüa l'entretien avec Aurore
avant le souper. Seigneur Cavalier, lui
dit-il en plaisantant, je crois que les maris & les amans ne doivent pas se réjoüir de votre arrivée à Salamanque;
vous allez leur causer de l'inquiétude.
Pour moi, je tremble pour mes conquêtes. Ecoutez, lui répondit ma Maîtresse
sur le même ton, votre crainte n'est pas
mal fondée. Don Félix de Mendoce est
un peu redoutable, je vous en avertis.

Je

Je fuis déja venu dans ce Païs-ci. Je fçai
que les femmes n'y font pas infenfibles.
Il y a un mois que je paffai par cette
Ville. Je m'y arrêtai huit jours, & je
vous dirai confidemment que j'enflâmai
la fille d'un vieux Docteur en Droit.

Je m'aperçûs, à ces paroles, que
Don Luis fe troubla : Peut-on fans in-
difcrétion, reprit-il, vous demander le
nom de la Dame ? Comment, fans in-
difcrétion, s'écria le faux Don Félix ?
Pourquoi vous ferois-je un myftére de
cela ? Me croyez-vous plus difcret que
les autres Seigneurs de mon âge ? Ne
me faites point cette injuftice-là. D'ailleurs, l'objet, entre nous, ne mérite
pas tant de ménagement ; ce n'eft
qu'une petite Bourgeoife. Un homme
de qualité ne s'occupe pas férieufement
d'une grifette, & croit même lui faire
honneur en la deshonorant. Je vous
aprendrai donc fans façon que la fille
du Docteur fe nomme Ifabelle. Et le
Docteur, interrompit impatiemment
Pacheco, s'apelleroit-il le Seigneur
Murcia de la Llanna ? Juftement, repliqua ma Maîtreffe. Voici une Lettre
qu'elle m'a fait tenir tout à l'heure. Lifez-
la, & vous verrez fi la Dame me veut
du

du bien. D. Luis jetta les yeux sur le billet, & reconnoiſſant l'écriture, il demeura confus & interdit. Que vois-je, pourſuivit alors Aurore d'un air étonné ? Vous changez de couleur. Je crois, Dieu me pardonne, que vous prenez intérêt à cette perſonne ! Ah ! que je me veux de mal de vous avoir parlé avec tant de franchiſe !

Je vous en ſçai très-bon gré, moi, dit Don Luis avec un tranſport mêlé de dépit & de colére. La perfide ! la volage ! Don Félix, que ne vous dois-je point ? Vous me tirez d'une erreur que j'aurois peut-être conſervée encore longtems. Je m'imaginois être aimé ; que dis-je, aimé ? Je croyois être adoré d'Iſabelle. J'avois quelque eſtime pour cette créature-là, & je vois bien que ce n'eſt qu'une coquette digne de tout mon mépris. J'aprouve votre reſſentiment, dit Aurore en marquant à ſon tour de l'indignation. La fille d'un Docteur en Droit devoit bien ſe contenter d'avoir pour amant un jeune Seigneur auſſi aimable que vous l'êtes. Je ne puis excuſer ſon inconſtance ; & bien loin d'agréer le ſacrifice qu'elle me fait de vous, je prétends, pour la punir, dédaigner ſes bontez

tez. Pour moi, reprit Pacheco, je ne la re-
verrai de ma vie. C'eſt la ſeule vengeance que j'en dois tirer. Vous avez raiſon,
s'écria le faux Mendoce. Néanmoins
pour lui faire connoître juſqu'à quel
point nous la mépriſons tous deux, je ſuis
d'avis que nous lui écrivions chacun un
billet inſultant. J'en ferai un paquet que
je lui envoyerai pour réponſe à ſa Lettre. Mais avant que nous en venions à
cette extrêmité, conſultez votre cœur ;
peut-être vous repentirez-vous un joûr
d'avoir rompu avec Iſabelle. Non, non,
interrompit Don Luis, je n'aurai jamais
cette foibleſſe ; & je conſens que pour
mortifier l'ingrate, nous faſſions ce que
vous me propoſez.

Auſſi-tôt j'allai chercher du papier &
de l'encre, & ils ſe mirent à compoſer
l'un & l'autre des billets fort obligeans
pour la fille du Docteur Murcia de la
Llanna. Pacheco ſur-tout ne pouvoit trouver des termes aſſez forts à ſon gré pour
exprimer ſes ſentimens, & il déchira
cinq ou ſix Lettres commencées, parce
qu'elles ne lui parurent pas aſſez dures.
Il en fit pourtant une dont il fut content, & dont il avoit ſujet de l'être.
Elle contenoit ces paroles : *Aprenez à*
vous

vous connoître , ma Reine ; & n'ayez
plus la vanité de croire que je vous aime.
Il faut un autre mérite que le vôtre pour
m'attacher. Vous n'êtes pas même assez
agréable pour m'amuser quelques momens.
Vous n'êtes propre qu'à faire l'amusement
des derniers Ecoliers de l'Université. Il
écrivit donc ce billet gracieux; & lorsqu'Aurore eût achevé le sien, qui n'é-
toit pas moins offensant , elle les ca-
cheta tous deux, y mit une envelope,
& me donnant le paquet : Tiens ,
Gil Blas , me dit - elle, fais ensorte
qu'Isabelle reçoive cela ce soir. Tu
m'entends bien , ajoûta - t'elle en me
faisant des yeux un signe que je compris parfaitement. Oüi , Seigneur , lui
répondis-je , vous serez servi comme
vous le souhaitez.

Je sortis en même-tems ; & quand
je fus dans la ruë, je me dis : Oh çà,
Monsieur Gil Blas , vous faites donc le
valet dans cette Comédie ? Hé bien ,
mon ami , montrez que vous avez assez d'esprit pour remplir un si beau
rôle. Le Seigneur Don Félix s'est con-
tenté de vous faire un signe. Il compte
comme vous voyez , sur votre intelligence. A-t'il tort ? Non. Je conçois ce
qu'il

qu'il attend de moi. Il veut que je faſſe tenir ſeulement le billet de Don Luis. C'eſt ce que ſignifie ce ſigne-là. Rien n'eſt plus intelligible. Je ne balançai point à défaire le paquet. Je tirai la lettre de Pacheco, & je la portai chez le Docteur Murcia, dont j'eûs bien-tôt apris la demeure. Je trouvai à la porte de ſa maiſon le petit page qui étoit venu à l'hôtel garni. Frere, lui dis-je, ne ſeriez-vous point par hazard domeſtique de la fille de Monſieur le Docteur Murcia ? Il me répondit qu'oüi. Vous avez, lui repliquai-je, la phiſionomie ſi officieuſe, que j'oſe vous prier de rendre un billet doux à votre maîtreſſe.

Le petit Page me demanda de quelle part je l'aportois, & je ne lui eus pas ſi-tôt réparti que c'étoit de celle de Don Luis Pacheco, qu'il me dit : Cela étant, ſuivez-moi. J'ai ordre de vous faire entrer. Iſabelle veut vous entretenir. Je me laiſſai introduire dans un cabinet, où je ne tardai guére à voir paroître la Sennora. Je fus frapé de la beauté de ſon viſage. Je n'ai point vû de traits plus délicats. Elle avoit un air mignon & enfantin, mais cela n'empêchoit pas que depuis trente bonnes années pour le moins

moins elle ne marchât fans lifiére. Mon
ami, me dit-elle d'un air riant, aparte-
nez-vous à Don Luis Pacheco : Je lui
répondis que j'étois fon valet de chambre depuis trois femaines. Enfuite, je
lui remis le billet fatal dont j'étois chargé; elle le relut deux ou trois fois. Il
fembloit qu'elle fe défiât du raport de
fes yeux. Effectivement, elle ne s'attendoit à rien moins qu'à une pareille réponfe. Elle éleva fes regards vers le Ciel,
fe mordit les lévres, & pendant quelque tems fa contenance rendit témoignage des peines de fon cœur. Puis tout
à coup m'adreffant la parole : Mon ami,
me dit-elle, Don Luis eft-il devenu
fou ? Aprenez-moi, fi vous le fçavez,
pourquoi il m'écrit fi galamment. Quel
démon peut l'agiter ? S'il veut rompre
avec moi, ne le fçauroit-il faire fans
m'outrager par des lettres fi brutales ?

Madame, lui dis-je, mon maître a
tort affûrément. Mais il a été en quelque façon forcé de le faire. Si vous me
promettiez de garder le fecret, je vous
découvrirois tout le myftére. Je vous le
promets, interrompit-elle avec précipitation ; ne craignez point que je vous
commette ; expliquez-vous hardiment.
Hé

Hé bien, repris-je, voici le fait en deux mots : Un moment après votre lettre reçûë ; il eſt entré dans notre hôtel une Dame couverte d'une mante des plus épaiſſes. Elle a demandé le Seigneur Pacheco, lui a parlé quelque tems en particulier, & ſur la fin de la converſation, j'ai entendu qu'elle lui a dit : Vous me jurez que vous ne la reverrez jamais. Ce n'eſt pas tout : Il faut pour ma ſatisfaction, que vous lui écriviez tout à l'heure un billet que je vais vous dicter. J'exige cela de vous. Don Luis a fait ce qu'elle deſiroit ; puis me mettant le papier entre les mains. Informe-toi, m'a-t'il dit, où demeure le Docteur Murcia de la Llanna, & fais adroitement tenir ce poulet à ſa fille Iſabelle.

Vous voyez bien, Madame, pourſuivis-je, que cette lettre deſobligeante eſt l'ouvrage d'une rivale, & que par conſéquent mon maître n'eſt pas ſi coupable. O Ciel, s'écria-t'elle, il l'eſt encore plus que je ne penſois. Son infidélité m'offenſe plus que les mots piquans que ſa main a tracez. Ah l'infidelle ! il a pû former d'autres nœuds . . . Mais ajoûta-t'elle en prenant un air fier, qu'il s'abandonne ſans

Tome II. H contrainte

contrainte à ſon nouvel amour. Je ne
prétends point le traverſer. Dites-lui
qu'il n'avoit pas beſoin de m'inſulter,
pour m'obliger à laiſſer le champ libre à
ma rivale, & que je mépriſe trop un
amant ſi volage, pour avoir la moindre
envie de le rapeller. A ce diſcours, elle
me congédia & ſe retira fort irritée contre Don Luis.

Je ſortis fort ſatisfait de moi, & je
compris que ſi je voulois me mettre dans
le génie, je deviendrois un habile fourbe.
Je m'en retournai à notre hôtel, où je
trouvai les Seigneurs Mendoce & Pacheco qui ſoupoient enſemble & s'entretenoient comme s'ils ſe fuſſent connus
de longue main. Aurore s'aperçût à mon
air content, que je ne m'étois point mal
acquité de ma commiſſion. Te voilà
donc de retour, Gil Blas, me dit-elle,
rends-nous compte de ton meſſage. Il
fallut encore-là payer d'eſprit. Je dis que
j'avois donné le paquet en main propre,
& qu'Iſabelle après avoir lû les deux billets doux qu'il contenoit, au lieu d'en
paroître déconcertée, s'étoit miſe à rire comme une folle, en diſant : Par ma
foi, les jeunes Seigneurs ont un joli ſtile.
Il faut avoüer que les autres perſonnes
n'écrivent

n'écrivent pas fi agréablement. C'eft
fort bien de fe tirer d'embarras, s'écria
ma maîtreffe; & voilà certainement une
coquette des plus fieffées. Pour moi,
dit Don Luis, je ne reconnois point Ifabelle à ces traits-là. Il faut qu'elle ait
changé de caractére pendant mon ab-
fence. J'aurois jugé d'elle auffi tout autrement, reprit Aurore. Convenons qu'il
y a des femmes qui fçavent prendre toutes fortes de formes. J'en ai aimé une de
celles-là, & j'en ai été long-tems la dupe. Gil Blas vous le dira, elle avoit un
air de fageffe a tromper toute la terre. Il
eft vrai, dis-je en me mêlant à la converfation, que c'étoit un minois à piper
les plus fins. J'y aurois moi-même été
attrapé.

Le faux Mendoce & Pacheco firent
de grands éclats de rire en m'entendant
parler ainfi; l'un à caufe du témoignage
que je portois contre une Dame imagi-
naire, & l'autre rioit feulement des termes dont je venois de me fervir. Nous
continuâmes à nous entretenir des femmes qui ont l'art de fe mafquer, & le
réfultat de tous nos difcours fut, qu'Ifabelle demeura düëment atteinte & con-
vaincuë d'être une franche coquette.

Don

Don Luis protesta de nouveau qu'il ne la reverroit jamais, & Don Félix à son exemple, jura qu'il auroit toûjours pour elle un parfait mépris. Ensuite de ces protestations, ils se liérent d'amitié tous deux, & se promirent mutuellement de n'avoir rien de caché l'un pour l'autre. Ils passérent l'après souper à se dire des choses gracieuses, & enfin ils se séparérent pour s'aller reposer chacun dans son apartement. Je suivis Aurore dans le sien, où je lui rendis un compte exact de l'entretien que j'avois eu avec la fille du Docteur. Je n'oubliai pas la moindre circonstance. Peu s'en fallut qu'elle ne m'embrassât de joye : Mon cher Gil Blas, me dit-elle, je suis charmée de ton esprit. Quand on a le malheur d'être engagé dans une passion qui nous oblige de récourir à des stratagêmes, quel avantage d'avoir dans ses intérêts un garçon aussi spirituel que toi ! Courage, mon ami. Nous venons d'écarter une rivale qui pouvoit nous embarrasser. Cela ne va pas mal. Mais comme les amans sont sujets à d'étranges retours, je suis d'avis de brusquer l'avanture, & de mettre en jeu dès demain Aurore de Guzman. J'aprouvai cette pensée, &

laissant

laiſſant le Seigneur Don Félix avec ſon page, je me retirai dans un cabinet où étoit mon lit.

CHAPITRE VI.

Quelles ruſes Aurore mit en uſage pour ſe faire aimer de Don Luis Pacheco.

LEs deux nouveaux amis ſe raſſem-blérent le lendemain matin. Ils commencérent la journée par des embraſſades, qu'Aurore fut obligée de donner & de recevoir, pour bien joüer le rôle de Don Félix. Ils allérent enſemble ſe promener dans la Ville, & je lés accompagnai avec Chilindron valet de Don Luis. Nous nous arrêtâmes auprès de l'Univerſité pour regarder quelques affiches de livres qu'on venoit d'attacher à la porte. Pluſieurs perſonnes s'amuſoient auſſi à les lire, & j'aperçûs parmi ceux-là un petit homme qui diſoit ſon ſentiment ſur ces ouvrages affichez. Je remarquai qu'on l'écoutoit avec une extrême attention, & je jugeai en mê-me-tems qu'il croyoit la mériter. Il paroiſſoit vain, & il avoit l'eſprit déciſif,

comme

comme l'ont la plûpart des petits hommes. Cette *nouvelle Traduction d'Horace*,
difoit-il, que vous voyez annoncée au
public en fi gros caractéres, eft un ouvrage en profe compofé par un vieil Auteur du Collége. C'eft un livre fort efti-
mé des écoliers. Ils en ont confommé
quatre éditions. Il n'y a pas un honnête
homme qui en ait acheté un exemplaire.
Il ne portoit pas de jugement plus avantageux des autres livres. Il les frondoit
tous fans charité. C'étoit aparemment
quelqu'Auteur. Je n'aurois pas été fâché de l'entendre jufqu'au bout : mais il
me fallut fuivre D. Luis & D. Félix, qui ne
prenant pas plus de plaifir à fes difcours,
que d'intérêt aux livres qu'il critiquoit,
s'éloignérent de lui & de l'Univerfité.

Nous revînmes à notre hôtel à l'heure du dîner. Ma Maîtreffe fe mit à table
avec Pacheco, & fit adroitement tomber la converfation fur fa famille : Mon
pere, dit-elle, eft un cadet de la maifon de Mendoce, qui s'eft établi à Toléde ; & ma mere eft propre fœur de
Dona Kiména de Guzman, qui depuis
quelques jours eft venuë à Salamanque
pour une affaire importante avec fa niéce
Aurore, fille unique de Don Vincent de
Guzman,

Guzman, que vous avez peut-être connu ? Non, répondit Don Luis, mais on
m'en a souvent parlé, ainſi que d'Aurore
votre couſine. Dois-je croire ce qu'on
dit d'elle ? On aſſure que rien n'égale ſon
eſprit & ſa beauté. Pour de l'eſprit, reprit Don Félix, elle n'en manque pas.
Elle l'a même aſſez cultivé. Mais ce
n'eſt point une ſi belle perſonne. On
trouve que nous nous reſſemblons beaucoup. Si cela eſt, s'écria Pacheco, elle
juſtifie ſa réputation. Vos traits ſont
réguliers ; votre teint eſt parfaitement
beau ; votre couſine doit être charmante. Je voudrois bien la voir & l'entretenir. Je m'offre à ſatisfaire votre
curioſité, repartit le faux Mendoce, &
même dès ce jour. Je vous méne cette
après-dînée chez ma tante.

Ma Maîtreſſe changea tout-à-coup
d'entretien, & parla de choſes indifférentes. L'après-midi, pendant qu'ils ſe
diſpoſoient tous deux à ſortir pour aller
chez Dona Kiména, je pris les devans,
& courus avertir la Duegne de ſe préparer à cette viſite. Je revins enſuite ſur
mes pas pour accompagner Don Félix,
qui conduiſit enfin chez ſa tante le Seigneur Don Luis. Mais à peine furent-
ils

ils entrez dans la maifon, qu'ils rencontrérent la Dame Chiméne, qui leur fit figne de ne point faire de bruit : Paix, paix, leur dit - elle d'une voix baffe, vous réveillerez ma niéce. Elle a depuis hier une migraine effroyable qui ne fait que de la quitter, & la pauvre enfant repofe depuis un quart-d'heure. Je fuis fâché de ce contre-tems, dit Mendoce. J'efpérois que nous verrions ma coufine. J'avois fait fête de ce plaifir à mon ami Pacheco. Ce n'eft pas une affaire fi preffée, répondit en fouriant Ortiz, vous pouvez la remettre à demain. Les Cavaliers eurent une converfation fort courte avec la vieille & fe retirérent.

Don Luis nous mena chez un jeune Gentilhomme de fes amis qu'on apelloit Don Gabriel de Pedros. Nous y paffâmes le refte de la journée : nous y foûpâmes même, & nous n'en fortîmes que fur les deux heures après minuit pour nous en retourner au logis. Nous avions peut-être fait la moitié du chemin, lorfque nous rencontrâmes fous nos pieds dans la ruë deux hommes étendus par terre. Nous jugeâmes que c'étoit des malheureux qu'on venoit d'affaffiner, & nous nous arrêtâmes pour les

les fecourir, s'il en étoit encore tems.
Comme nous cherchions à nous inftruire, autant que l'obfcurité de la nuit
nous le pouvoit permettre, de l'état où
ils fe trouvoient, la Patroüille arriva.
Le Commandant nous prit d'abord pour
des affaffins, & nous fit environner par
fes gens ; mais il eût meilleure opinion
de nous, lorfqu'il nous eut entendu parler, & qu'à la faveur d'une lanterne
fourde, il vit les traits de Mendoce &
de Pacheco. Ses Archers, par fon ordre, examinérent les deux hommes que
nous nous imaginions avoir été tuez, &
il fe trouva que c'étoit un gros Licencié avec fon Valet, tous deux pris de
vin, ou plûtôt yvres-morts. Meffieurs,
s'écria un des Archers, je reconnois ce
gros vivant. Hé ! c'eft le Seigneur Licencié Gayomar, Recteur de notre Univerfité. Tel que vous le voyez, c'eft un
grand perfonnage, un génie fupérieur ;
il n'y a point de Philofophe qu'il ne
terraffe dans une difpute ; il a un flux
de bouche fans pareil ; c'eft dommage
qu'il aime un peu trop le vin, le Procès
& la Grifette. Il revient de fouper de
chez fon Ifabelle, où, par malheur,
fon guide s'eft enyvré comme lui ; is

font tombez l'un & l'autre dans le ruiffeau ; avant que le bon Licencié fût
Recteur, cela lui arrivoit affez fouvent.
Les honneurs, comme vous voyez, ne
changent pas toûjours les mœurs. Nous
laiffâmes ces yvrognes entre les mains
de la Patroüille, qui eut foin de les porter chez eux. Nous regagnâmes notre
Hôtel, & chacun ne fongea qu'à fe repofer.

Don Félix & Don Loüis fe levérent fur
le midi ; & Aurore de Guzman fut la
premiére chofe dont ils s'entretinrent.
Gil Blas, me dit ma Maîtreffe, va chez
ma tante Dona Kiména, & lui demande
fi nous pouvons aujourd'hui, le Seigneur Pacheco & moi, voir ma Coufine. Je fortis pour m'acquiter de cette
commiffion, ou plûtôt pour concerter
avec la Duegne ce que nous avions à
faire ; & quand nous eûmes pris enfemble de juftes mefures, je vins rejoindre
le faux Mendoce : Seigneur, lui dis-je,
votre coufine Aurore fe porte à mer-
veille ; elle m'a chargé elle-même de
vous témoigner de fa part que votre
vifite ne lui fçauroit être que très-agréa-
ble, & Dona Kiména m'a dit d'affurer le Seigneur Pacheco qu'il fera toûjours

jours parfaitement bien reçu chez elle
fous vos aufpices.

Je m'aperçûs que ces derniéres paroles firent plaifir à Don Luis ; ma Maî-
tréfle le remarqua de même , & en con-
çût un heureux préfage. Un moment
avant-le dîner , le Valet de la Sénora Kiména parut , & dit à Don Félix : Seigneur , un homme de Toléde eft venu
vous demander chez Madame votre
Tante , & y a laiffé ce Billet. Le faux
Mendoce l'ouvrit , & y trouva ces mots,
qu'il lût à haute voix : *Si vous avez envie*
d'aprendre des nouvelles de votre pere & des
chofes de conféquence pour vous , ne man-
quez pas auffi-tôt la prefente reçûë de vous
rendre au Cheval noir , auprès de l'Univer-
fité. Je fuis , dit-il , trop curieux de fçavoir ces chofes importantes , pour ne
pas fatisfaire ma curiofité tout à l'heure. Sans adieu , Pacheco , continua-t'il ,
fi je ne fuis point de retour ici dans deux
heures , vous pourrez aller feul chez ma
Tante , j'irai vous y joindre dans l'après-
dînée : Vous fçavez ce que Gil Blas vous
a dit de la part de Dona Kiména ; vous
êtes en droit de faire cette vifite. Il fortit en parlant de cette forte , & m'ordonna de-le fuivre.

Vous

Vous vous imaginez bien qu'au lieu de prendre la route du Cheval noir, nous enfilâmes celle de la Maison où étoit Ortiz. D'abord que nous y fûmes arrivez, Aurore ôta sa chevelure blonde, lava & frotta ses sourcils, mit un habit de femme, & devint une belle brune telle qu'elle l'étoit naturellement. On peut dire que son déguisement la changeoit à un point, qu'Aurore & Don Félix paroissoient deux personnes différentes ; il sembloit même qu'elle fût beaucoup plus grande en femme qu'en homme ; il est vrai que ses chapins, (car elle en avoit d'une hauteur excessive) n'y contribuoient pas peu. Lorsqu'elle eût ajoûté à ses charmes tous les secours que l'art leur pouvoit prêter, elle attendit Don Luis avec une agitation mêlée de crainte & d'espérance ; tantôt elle se fioit à son esprit & à sa beauté, & tantôt elle apréhendoit de n'en faire qu'un essai malheureux. Ortiz de son côté se prépara de son mieux à seconder ma Maîtresse. Pour moi, comme il ne falloit pas que Pacheco me vît dans cette Maison, & que semblable aux Acteurs qui ne paroissent qu'au dernier Acte d'une Piéce, je ne devois me montrer que sur la fin de la visite,

viſite, je ſortis auſſi-tôt que j'eus dîné.

Enfin, tout étoit en état, quand Don Luis arriva ; il fut reçû très-agréablement de la Dame Chiméne, & il eût avec Aurore une converſation de deux ou trois heures ; après quoi, j'entrai dans la chambre où ils étoient ; & m'adreſſant au Cavalier : Seigneur, lui dis-je, Don Félix mon Maître ne viendra point ici d'aujourd'hui, il vous prie de l'excuſer ; il eſt avec trois hommes de Toléde, dont il ne peut ſe débarraſſer : Ah ! le petit libertin, s'écria Dona Kiména, il eſt ſans doute en débauche. Non, Madame, repris-je, il s'entretient avec eux d'affaires fort ſérieuſes. Il a un véritable chagrin de ne pouvoir ſe rendre ici ; il m'a chargé de vous le dire, auſſi-bien qu'à Dona Aurora. Oh ! je ne reçois point ſes excuſes, dit ma Maîtreſſe : Il ſçait que j'ai été indiſpoſée : il devoit marquer un peu plus d'empreſſement pour les perſonnes à qui le ſang le lie. Pour le punir, je ne le veux voir de quinze jours. Hé, Madame, dit alors Don Luis, ne formez point une ſi cruelle réſolution, Don Félix eſt aſſez à plaindre de ne vous avoir pas vûë.

Ils plaiſantérent quelque-tems là-deſſus;

I 3

deſſus ; enſuite Pacheco ſe retira ; la
belle Aurore change auſſi-tôt de forme,
& reprend ſon habit de Cavalier ; elle re-
tourne à l'Hôtel garni le plus promptement qu'il lui eſt poſſible. Je vous demande pardon, cher ami, dit-elle à Don
Luis, de ne vous avoir pas été trouver
chez ma Tante, mais je n'ai pû me défaire des perſonnes avec qui j'étois ; ce
qui me conſole, c'eſt que vous avez
eu du moins tout le loiſir de ſatisfaire
vos deſirs curieux. Hé bien, que pen-
ſez-vous de ma couſine ? J'en ſuis en-
chanté, répondit Pacheco, vous aviez
raiſon de dire que vous vous reſſemblez ;
je n'ai jamais vû de traits plus ſemblables ; c'eſt le même tour de viſage,
vous avez les mêmes yeux, la même
bouche, le même ſon de voix ; il y a
pourtant quelque différence entre vous
deux, Aurore eſt plus grande que vous ;
elle eſt brune, & vous êtes blond ; vous
êtes enjoüé, elle eſt ſérieuſe : voilà tout
ce qui vous diſtingue l'un de l'autre.
Pour de l'eſprit, continua-t'il, je ne
crois pas qu'une ſubſtance céleſte puiſſe
en avoir plus que votre couſine. En
un mot, c'eſt une perſonne d'un mérite
accompli.

Le

Le Seigneur Pacheco prononça ces
derniéres paroles avec tant de vivacité,
que Don Félix lui dit en soûrjant : Ami,
n'allez plus chez Dona Kiména, je vous
le conseille pour votre repos , Aurore
de Guzman pourroit vous faire voir du
païs , & vous inspirer une passion . . . .
Je n'ai pas besoin de la revoir , interrompit-il , pour en devenir amoureux ;
l'affaire en est faite. J'en suis fâché pour
vous , repliqua le faux Mendoce ; car
vous n'êtes pas un homme à vous attacher , & ma cousine n'est pas une Isabelle ; je vous en avertis , elle ne s'ac-
commoderoit pas d'un Amant qui n'auroit pas des vûës légitimes. Des vûës
légitimes, repartit Don Luis ! Peut-on
en avoir d'autres sur une fille de son
sang ? Hélas, je m'estimerois le plus
heureux de tous les hommes , si elle
aprouvoit ma recherche, & vouloit lier
sa destinée à la mienne !

En le prenant sur ce ton-là , reprit
Don Félix , vous m'interressez à vous
servir : Oüi, j'entre dans vos sentimens;
je vous offre mes bons offices auprès
d'Aurore, & je veux dès demain gagner
ma Tante, qui a beaucoup de crédit sur
son esprit. Pacheco rendit mille graces

I 4   au

au Cavalier qui lui faifoit de fi belles
promeffes, & nous nous aperçûmes avec
joïe que notre ftratagême ne pouvoit aller mieux. Le jour fuivant nous augmen-
tâmes encore l'amour de Don Luis par
une nouvelle invention. Ma Maîtreffe
après avoir été trouver Dona Kiména,
comme pour la rendre favorable à ce
Cavalier, elle vint le rejoindre : J'ai parlé à ma Tante, lui dit-elle, & je n'ai pas
eu peu de peine à la mettre dans vos intérêts ; elle étoit furieufement prevé-
nuë contre vous ; je ne fçai qui vous a fait
paffer dans fon efprit pour un libertin ;
mais j'ai pris vivement votre parti, &
j'ai détruit enfin la mauvaife impreffion
qu'on lui avoit donnée de vos mœurs.

Ce n'eft pas tout, pourfuivit Aurore,
je veux que vous ayez en ma prefence
un entretien avec ma Tante ; nous ache-
verons de vous affurer fon apui. Pacheco témoigna une extréme impatience
d'entretenir Dona Kiména, & cette fatisfaction lui fut accordée le lendemain
matin. Le faux Mendoce le conduifit à
la Dame Ortiz, & ils eurent tous trois
une converfation, où Don Luis fit voir
qu'en peu de tems il s'étoit laiffé fort en-
flâmer. L'adroite Kiména feignit d'être
touchée

touchée de toute la tendreſſe qu'il faiſoit paroître , & promit au Cavalier de faire tous ſes efforts pour engager ſa niéce à l'épouſer. Pacheco ſe jetta aux pieds d'une ſi bonne Tante , & la remercia de ſes bontez. Là-deſſus Don Félix demanda ſi ſa couſine étoit levée ? Non , répondit la Duegne , elle repoſe encore , & vous ne ſçauriez la voir preſentement ; mais revenez cette après-dînée , & vous lui parlerez à loiſir. Cette réponſe de la Dame Chiméne redoubla, comme vous pouvez croire, la joïe de Don Luis , qui trouva le reſte de la matinée bien long. Il regagna l'Hôtel garni avec Mendoce, qui ne prenoit pas peu de plaiſir à l'obſerver , & à remarquer en lui toutes les aparences d'un véritable amour.

Ils ne s'entretinrent que d'Aurore ; & lorſqu'ils eurent diné , Don Félix dit à Pacheco, il me vient une idée , je ſuis d'avis d'aller chez ma Tante quelques momens avant vous ; je veux parler en particulier à ma Couſine, & découvrir, s'il eſt poſſible , dans quelle diſpoſition ſon cœur eſt à votre égard. Don Luis aprouva cette penſée ; il laiſſa ſortir ſon ami, & ne partit qu'une heure après lui. Ma Maîtreſſe profita ſi bien de ce tems-là , là, qu'elle étoit habillée en femme, quand son Amant arriva. Je croyois, dit ce Cavalier, après avoir salué Aurore & la Duegne, je croyois trouver ici Don Félix. Vous le verrez dans un instant, répondit Dona Kiména, il écrit dans mon Cabinet. Pacheco parut se payer de cette défaite, & lia conversation avec les Dames ; cependant malgré la presence de l'objet aimé, il s'apperçût que les heures s'écouloient sans que Mendoce se montrât ; & comme il ne pût s'empêcher d'en témoigner quelque surprise, Aurore changea tout à coup de contenance, se mit à rire, & dit à Don Luis : est-il possible que vous n'ayez pas encore le moindre soupçon de la supercherie qu'on vous fait ? Une fausse chevelure blonde & des sourcils teints me rendent-ils si différente de moi-même, qu'on puisse jusques-là s'y tromper ? Desabusez-vous donc, Pacheco, continua-t'elle en reprenant son sérieux, aprenez que Don Félix de Mendoce & Aurore de Guzman ne font qu'une même personne.

Elle ne se contenta pas de le tirer de cette erreur, elle avoüa la foiblesse qu'elle avoit pour lui, & toutes les démarches

marches qu'elles avoit faites pour l'amener au point où elle le voyoit enfin rendu. Don Luis ne fut pas moins charmé
que surpris de ce 'qu'il entendit ; il se
jetta aux pieds de ma Maîtresse , & lui
dit avec transport : Ah ! belle Aurore,
croirai-je en effet que je suis l'heureux
mortel pour qui vous avez eu tant de
bontez ? Que puis-je faire pour les reconnoître ? Un éternel amour ne sçauroit assez les payer. Ces paroles furent
suivies de mille autres discours tendres
& passionnez ; après quoi les Amans
parlérent des mesures qu'ils avoient à
prendre pour parvenir à l'accomplisse-
ment de leurs desirs. Il fut résolu que
nous partirions tous incessamment pour
Madrid, où nous dénoüerions notre Comédie par un Mariage. Ce dessein fut
presque aussi-tôt exécuté que conçû ;
Don Luis quinze jours après épousa ma
Maîtresse , & leurs Nôces donnérent
lieu à des Fêtes & à des réjoüissances
infinies.

* § *

CHAPITRE

CHAPITRE VII.

Gil Blas change de condition ; il passe au service de Don Gonzale Pacheco.

TRois femaines après ce mariage, ma Maîtresse voulut récompenfer les fervices que je lui avois rendus ; elle me fit prefent de cent piftoles, & me dit : Gil Blas, mon ami, je ne vous chaffe point de chez moi ; je vous laiffe la liberté d'y demeurer tant qu'il vous plaira, mais un Oncle de mon mari, Don Gonzale Pacheco fouhaite de vous avoir pour Valet de Chambre ; je lui ai parlé fi avantageufement de vous, qu'il m'a témoigné que je lui ferois plaifir de vous donner à lui. C'eft un vieux Seigneur, ajouta-t'elle, un homme d'un très-bon caractére, vous ferez parfaitement bien auprès de lui.

Je remerciai Aurore de fes bontez, & comme elle n'avoit plus befoin de moi, j'acceptai d'autant plus volontiers le pofte qui fe prefentoit, que je ne fortois point de la famille. J'allai donc un

matin

matin de la part de la nouvelle mariée
chez le Seigneur Don Gonzale ; il étoit
encore au lit, quoiqu'il fut près de midi. Lorſque j'entrai dans ſa chambre,
je le trouvai qui prenoit un boüillon,
qu'un page venoit de lui aporter. Le
vieillard avoit la mouſtache en papillo-
tes, les yeux preſque éteints avec un
viſage pâle & décharné. C'étoit un de
ces vieux garçons qui ont été fort libertins dans leur jeuneſſe, & qui ne
font guére plus ſages dans un âge plus
avancé. Il me reçût agréablement, &
me dit que ſi je voulois le ſervir avec
autant de zèle que j'avois ſervi ſa niéce,
je pouvois compter qu'il me feroit un
heureux ſort. Je promis d'avoir pour
lui le même attachement que j'avois eu
pour elle, & dès ce moment il me retint à ſon ſervice.

Me voilà donc à un nouveau Maître,
& Dieu ſçait quel homme c'étoit. Quand
il ſe leva, je crus voir la réſurrection
du Lazare ; imaginez-vous un grand
corps ſi fec, qu'en le voyant à nud on
auroit fort bien pû aprendre l'Oſtéo-
logie ; il avoit les jambes ſi menuës,
qu'elles me parurent encore très-fines,
après qu'il eut mis trois ou quatre pai-
res

res de bas l'une fur l'autre. Outre cela
cette mommie vivante étoit afthmati-
que & touffoit à chaque parole qui lui
fortoit de la bouche. Il prit d'abord du
chocola ; il demanda enfuite du papier
& de l'encre , écrivit un Billet qu'il ca-
cheta , & le fit porter à fon adreffe par
le page qui lui avoit donné un boüillon ; puis fe tournant de mon côté ;
Mon ami , me dit-il , c'eft toi que je
prétends deformais charger de mes commiffions , & particuliérement de celles
qui regarderont Dona Eufrafia ; cette
Dame eft une jeune perfonne que j'aime
& dont je fuis tendrement aimé.

Bon Dieu , dis-je auffi-tôt en moi-
même , hé comment les jeunes gens
pourront-ils s'empêcher de croire qu'on
les aime , puifque ce vieux penard s'i-
magine qu'on l'idolâtre ! Gil Blas , pourfuivit-il , je te menerai chez elle dès
aujourd'hui ; j'y foupe prefque tous les
foirs ; tu feras charmé de fon air fage
& retenu : bien loin de reffembler à ces
petites étourderies qui donnent dans la
jeuneffe , & s'engagent fur les aparences , elle a l'efprit déja mûr & judicieux ; elle veut des fentimens dans un
homme , & préfére aux figures les plus
brillantes

brillantes un Amant qui fçait aimer. Le
Seigneur Don Gonzale ne borna point
là l'éloge de fa Maîtreffe : il entreprit de
la faire paffer pour l'abregé de toutes les
perfections ; mais il avoit un auditeur
affez difficile à perfuader là-deffus. Après
toutes les manœuvres que j'avois vû
faire aux Comédiennes, je ne croyois
pas les vieux Seigneurs fort heureux en
amour. Je feignis pourtant par complaifance d'ajouter foi à tout ce que me dit
mon Maître. Je fis plus, je vantai le
difcernement & le bon goût d'Eufrafie ;
je fus même affez impudent pour avan-
cher qu'elle ne pouvoit avoir de galant
plus aimable. Le bon homme ne fentit
point que je lui donnois de l'encenfoir
par le nez ; au contraire il s'aplaudit
de mes paroles : tant il eft vrai qu'un flâ-
teur peut tout rifquer avec les Grands ;
ils fe prêtent jufqu'aux flateries les plus
outrées.

Le Vieillard, après avoir écrit, s'ar-
racha quelque poils de la barbe avec
une pincette ; puis il fe lava les yeux,
pour ôter une épaiffe chaffie dont ils
étoient pleins ; il lava auffi fes oreilles,
enfuite fes mains, & quand il eut fait
fes ablutions, il teignit en noir fa mouftache,

tache, ses sourcils & ses cheveux. Il fut plus long-tems à sa toilette qu'une vieille Doüairiére qui s'étudie à cacher l'outrage des années. Comme il achevoit de s'ajuster, il entra un autre Vieillard de ses amis, qu'on nommoit le Comte de Asumar. Celui-ci laissoit voir ses cheveux blancs, s'apuyoit sur un bâton, & sembloit se faire honneur de sa vieillesse, au lieu de vouloir paroître jeune. Seigneur Pacheco, dit-il en entrant, je viens vous demander à dîner. Soyez le bien venu, Comte, répondit mon Maître ; en même-tems, ils s'embrassérent l'un l'autre, s'assirent & commencérent à s'entretenir en attendant qu'on servît.

Leur conversation roula d'abord sur une course de Taureaux qui s'étoit faite depuis peu de jours. Ils parlérent des Cavaliers qui y avoient montré le plus d'adresse & de vigueur, & là-dessus le vieux Comte, tel que Nestor à qui toutes les choses presentes donnoient occasions de loüer les choses passées, dit en soupirant : Hélas, je ne vois point aujourd'hui d'hommes comparables à ceux que j'ai vûs autrefois, ni les tournois ne se font pas avec autant de magnificence qu'on les faisoit dans ma jeunesse.

Je

Je riois en moi-même de la prévention
du bon Seigneur de Afumar, qui ne s'en
tint pas aux tournois ; je me fouviens,
quand il fut à table, & qu'on aporta
le fruit, qu'il dit en voyant de fort belles
pêches qu'on avoit fervies : De mon
tems les pêches étoient bien plus groffes qu'elles ne le font à prefent ; la nature s'affoiblit de jour en jour. Sur ce
pied-là, dit en fouriant Don Gonzale,
les pêches du tems d'Adam devoient
être d'une groffeur merveilleufe.

Le Comte de Afumar demeura prefque jufqu'au foir avec mon Maître, qui
ne fe vit pas plûtôt débarraffé de lui,
qu'il fortit en me difant de le fuivre.
Nous allâmes chez Eufrafie qui logeoit
à cent pas de notre Maifon, & nous la
trouvâmes dans un apartement des plus
propres ; elle étoit galamment habillée,
& avoit un air de jeuneffe qui me la fit
prendre pour une mineure, bien qu'elle
eût trente bonnes années pour le moins ;
elle pouvoit paffer pour jolie, & j'ad-
mirai bien-tôt fon efprit. Ce n'étoit pas
une de ces coquettes qui n'ont qu'un
babil brillant avec des maniéres libres ;
elle avoit de la modeftie dans fon action,
comme dans fes difcours ; elle parloit

Tome II. K le

le plus spirituellement du monde , sans paroître se donner pour spirituelle. O Ciel, dis-je , est-il possible qu'une personne qui se montre si réservée , soit capable de vivre dans le libertinage ! Je m'imaginois que toutes les femmes galantes devoient être effrontées. J'étois surpris d'en voir une modeste en aparence, sans faire réfléxion que ces créatures sçavent se composer de toutes les façons , & se conformer au caractére des gens riches & des Seigneurs qui tombent entre leurs mains. Veulentils de l'emportement ? elles sont vives & pétulantes ; aiment-ils la retenuë ? elles se parent d'un extérieur sage & vertueux. Ce sont de vrais Caméléons qui changent de couleur suivant l'humeur & le génie des hommes qui les aprochent.

Don Gonzale n'étoit pas du goût des Seigneurs qui demandent des beautez hardies ; il ne pouvoit souffrir celles-là, & il falloit pour le piquer qu'une femme eût un air de Vestale. Aussi Eufrasie se régloit là-dessus , & faisoit voir que les bonnes Comédiennes n'étoient pas toutes à la Comédie. Je laissai mon Maître avec sa nymphe , & je descendis dans
une

une falle où je trouvai une vieille femme
de chambre, que je reconnus pour une
Soubrette qui avoit été fuivante d'une
Comédienne. De fon côté, elle me remit : Hé vous voilà, Seigneur Gil Blas,
me dit-elle, vous êtes donc forti de
chez Arfenie, comme moi de chez Conftance? Oh vraiment, lui répondis-je,
il y a long-tems que je l'ai quittée ; j'ai
même fervi depuis une fille de condition.
La vie des perfonnes de Théâtre n'eft
guére de mon goût ; je me fuis donné
mon congé moi-même, fans daigner
avoir le moindre éclairciffement avec
Arfenie. Vous avez bien fait, reprit la
Soubrette, nommée Béatrix, j'en ai ufé
à peu près de la même maniére avec
Conftance. Un beau matin, je lui rendis mes comptes froidement ; elle les
reçut fans me dire une fyllabe, & nous
nous féparâmes affez cavaliérement.

Je fuis ravi, lui dis-je, que nous nous
retrouvions dans une Maifon plus honorable ; Dona Eufrafia me paroît une façon de femme de qualité, & je la croî
d'un très-bon caractére. Vous ne vous
trompez pas, me répondit la vieille fuivante, elle a de la naiffance, & pour
fon humeur, je puis vous affurer qu'il

K 2　　n'y

n'y en a point de plus égale ni de plus douce ; elle n'eſt point de ces Maîtreſſes emportées & difficiles qui trouvent à redire à tout, qui crient ſans ceſſe, tourmentent leurs Domeſtiques, & dont le ſervice, en un mot, eſt un enfer ; je ne l'ai pas encore entenduë gronder une ſeule fois : quand il m'arrive de ne pas faire les choſes à ſa fantaiſie, elle me reprend ſans colére, & jamais il ne lui échape de ces épithétes dont les Dames violentes ſont ſi libérales. Mon Maître, repris-je, eſt auſſi fort doux ; c'eſt le meilleur de tous les humains, & ſur ce pied-là, nous ſommes vous & moi beaucoup mieux que nous n'étions chez nos Comédiennes. Mille fois mieux, repartit Béatrix ; je menois une vie tumultueuſe, au lieu que je vis preſentement dans la retraite. Il ne vient pas d'autre homme ici que le Seigneur Don Gonzale ; je ne verrai que vous dans ma ſolitude, & j'en ſuis bien-aiſe ; il y a long-tems que j'ai de l'affeΩ͡tion pour vous, & j'ai plus d'une fois envié le bonheur de Laure de vous avoir pour Amant ; mais enfin j'eſpére que je ne ſerai pas moins heureuſe qu'elle ; ſi je n'ai pas ſa jeuneſſe & ſa beauté, en re-
compenſe

compenfe je haïs la coquetterie, je fuis
une tourterelle pour la fidélité,

Comme la bonne Béatrix étoit une
de ces perfonnes qui font obligées d'offrir leurs faveurs, parce qu'on ne les
leur demanderoit pas, je ne fus nullement tenté de profiter de fes avances;
je ne voulus pas pourtant qu'elle s'a-
perçût que je la méprifois, & même
j'eus la politeffe de lui parler de maniére
qu'elle ne perdît pas toute efpérance de
m'engager à l'aimer. Je m'imaginai donc
que j'avois fait la conquête d'une vieille fuivante, & je me trompai encore
dans cette occafion. La Soubrette n'en
ufoit pas ainfi avec moi feulement pour
mes beaux yeux, fon deffein étoit de
m'infpirer de l'amour pour me mettre
dans les intéréts de fa Maîtreffe, pour
qui elle fe fentoit fi zélée, qu'elle ne
s'embarraffoit point de ce qu'il lui en
coûteroit pour la fervir. Je reconnus
mon erreur dès le lendemain matin que
je portai de la part de mon Maître un
Billet doux à Eufrafie. Cette Dame me
fit un accuëil gracieux, me dit mille chofes obligeantes, & la femme de chambre
auffi s'en mêla ; l'une admiroit ma phi-
fionomie ; l'autre me trouvoit un air de
fägeffe

ſageſſe & de prudence. A les entendre,
le Seigneur Don Gonzale poſſédoit en
moi un treſor ; en un mot , elles me
loüérent tant que je me défiai des loüanges qu'elles me donnérent ; j'en pénétrai
le motif, mais je le reçus en aparence
avec toute la ſimplicité d'un ſot , & par
cette contre-ruſe je trompai les fripon-
nes , qui levérent enfin le maſque.

Ecoute , Gil Blas, me dit Eufraſie , il
ne tiendra qu'à toi de faire ta fortune ;
agiſſons de concert , mon ami , Don
Gonzale eſt vieux & d'une ſanté ſi délicate , que la moindre fiévre aidée d'un
bon Médecin l'emportera ; ménageons
les momens qui lui reſtent , & faiſons
enſorte qu'il me laiſſe la meilleure partie de ſon bien ; je t'en ferai bonne part,
je te le promets, & tu peux compter ſur
cette promeſſe , comme ſi je te la faiſois
pardevant tous les Notaires de Madrid.
Madame , lui répondis-je , diſpoſez de
votre ſerviteur : Vous n'avez qu'à me
preſcrire la conduite que je dois tenir ,
& vous ſerez ſatisfaite. Hé bien , reprit-
elle , il faut obſerver ton Maître , & me
rendre compte de tous ſes pas ; quand
vous vous entretiendrez tous deux , ne
manque pas de faire tomber la converſation

tion fur les femmes, & de là prens,
mais avec art, occafion de lui dire du
bien de moi ; occupe-le d'Eufrafie autant qu'il te fera poffible ; je te recommande encore d'être fort attentif à ce
qui fe paffe dans la famille des Pacheco.
Si tu t'aperçois que quelque parent de
Don Gonzale ait de grandes affiduitez
auprès de lui, & couche en jouë fa fucceffion, tu m'en avertiras auffi-tôt ; je
ne t'en demande pas davantage, je le
coulerai à fonds en peu de tems. Je connois les divers caractéres des parens de
ton Maître, je fçai quels portraits ridicules on lui peut faire d'eux, & j'ai déja mis affez mal dans fon efprit tous fes
neveux & fes coufins.

Je jugeai par ces inftructions & par
d'autres qu'y joignit Eufrafie, que cette
Dame étoit de celles qui s'attachent aux
Vieillards généreux. Elle avoit depuis
peu obligé Don Gonzale à vendre une
terre dont elle avoit touché l'argent ; elle tiroit de lui tous les jours de bonnes
nipes, & de plus, elle efpéroit qu'il ne
l'oublieroit pas dans fon Teftament. Je
feignis de m'engager volontiers à faire
tout ce qu'on exigeoit de moi, & pour
ne rien diffimuler, je doutai en m'en
retournant

retournant au logis si je contribuërois à tromper mon Maître , ou si j'entreprendrois de le détacher de sa Maîtresse; l'un de ces deux partis me paroissoit plus honnête que l'autre , & je me sentois plus de penchant à remplir mon devoir qu'à le trahir ; d'ailleurs , Eufrasie ne m'avoit rien promis de positif , & cela peut-être étoit cause qu'elle n'avoit pas corrompu ma fidélité ; je me résolus donc à servir Don Gonzale avec zèle , & je me persuadai que si j'étois assez heureux pour l'arracher à son idole , je serois mieux payé de cette bonne action , que des mauvaises que je pourrois faire.

Pour parvenir à la fin que je me proposois , je me montrai tout dévoüé au service de Dona Eufrasia ; je lui fis accroire que je parlois d'elle incessamment à mon Maître , & là-dessus je lui debitois des fables qu'elle prenoit pour argent comptant ; je m'insinuai si bien dans son esprit , qu'elle me crut entiérement dans ses intérêts ; pour mieux imposer encore , j'affectai de paroître amoureux de Béatrix, qui ravie, à son âge , de voir un jeune homme à ses trousses , ne se soucioit guére d'être trom-

trompée, pourvû que je la trompaſſe
bien. Lorſque nous étions auprès de nos
Princeſſes, mon Maître & moi, cela faiſoit deux tableaux différens dans le même goût. Don Gonzale ſec & pâle, comme je l'ai peint, avoit l'air d'un agoni-
ſant, quand il vouloit faire les doux
yeux; & mon Infante, à meſure que je
me montrois plus paſſionné, prenoit des
maniéres enfantines, & faiſoit tout le
manége d'une vieille coquette; auſſi
avoit-elle quarante ans d'école pour le
moins; elle s'étoit raffinée au ſervice
de quelques-unes de ces héroïnes de galanterie qui ſçavent plaire juſques dans
leur vieilleſſe, & qui meurent chargées
des dépoüilles de deux ou trois généra-
tions.

Je ne me contentois pas d'aller tous
les ſoirs avec mon Maître chez Eufraſie,
j'y allois quelque fois tout ſeul pendant
le jour; mais à quelque heure que j'en-
traſſe dans cette maiſon, je n'y rencon-
trois jamais d'homme, pas même de
femme d'un air équivoque; je n'y dé-
couvrois pas la moindre trace d'infidélité, ce qui ne m'étonnoit pas peu; car
je ne pouvois penſer qu'une ſi jolie Dame fût exactement fidéle à Don Gon-

zale ; en quoi certes je ne faifois pas un jugement téméraire , & la belle Eufra-fie , comme vous le verrez bien-tôt, pour attendre plus patiemment la fucceffion de mon Maître , s'étoit pourvûë d'un amant plus convenable à une femme de fon âge.

Un matin je portois à mon ordinai-re un poulet à la Princeffe , j'aperçus , tandis que j'étois dans fa chambre , les pieds d'un homme caché derriére une tapifferie. Je fortis fans faire femblant de les avoir remarquez ; mais quoique cet objet dût peu me furprendre , & que la chofe ne roulât pas fur mon comp-te , je ne laiffai pas d'en être fort ému. Ah ! perfide, difois-je avec indignation ! fcélérate Eufrafie ! Tu n'es pas fatisfai-te d'impofer à un bon vieillard , en lui perfuadant que tu l'aime ; il faut que tu te livre à un autre pour mettre le comble à ta trahifon ! Que j'étois fat , quand j'y penfe , de raifonner de la forte ! Il falloit plûtôt rire de cette avanture , & la regarder comme une compenfation des ennuis & des lan-gueurs qu'il y avoit dans le commerce de mon Maître ; j'aurois du moins mieux fait de n'en dire mot, que de me fervir

de

de cette occasion pour faire le bon valet ; mais au lieu de modérer mon zèle,
j'entrai avec chaleur dans les intérêts de
Don Gonzale, & lui fis un fidèle raport
de ce que j'avois vû ; j'ajoutai même à
cela qu'Eufrasie m'avoit voulu séduire.
Je ne lui dissimulai rien de tout ce
qu'elle m'avoit dit, & il ne tint qu'à lui
de connoître parfaitement sa Maîtresse.
Il fut frapé de mes discours, & une petite émotion de colére qui parût sur
son visage, sembla présager que la Dame
ne lui seroit pas impunément infidèle.
C'est assez, Gil Blas, me dit-il, je suis
très-sensible à l'attachement que je te
vois à mon service, & ta fidélité me
plaît ; je vais tout à l'heure chez Eufrasie ; je veux l'accabler de reproches,
& rompre avec l'ingrate. A ces mots,
il sortit effectivement pour se rendre
chez elle, & il me dispensa de le suivre, pour m'épargner le mauvais rôle
que j'aurois eu à joüer pendant leur
éclaircissement.

J'attendis le plus impatiemment du
monde que mon Maître fut de retour.
Je ne doutois point qu'ayant un aussi
grand sujet qu'il en avoit de se plaindre
de sa Nymphe, il ne revînt détaché de

fes attraits. Dans cette penfée, je m'a-
plaudiffois de mon ouvrage; je me reprefentois la fatisfaction qu'auroient les
héritiers naturels de Don Gonzale,
quand ils aprendroient que leur parent
n'étoit plus le joüet d'une paffion fi
contraire à leurs intérêts; je me flâtois
qu'ils m'en tiendroient compte, &
qu'enfin j'allois me diftinguer des autres
Valets de chambre, qui font ordinairement plus difpofez à maintenir leurs
Maîtres dans la débauche, qu'à les en retirer. J'aimois l'honneur, & je penfois
avec plaifir que je pafferois pour le Co-
ryphée des Domeftiques, mais une idée
fi agréable s'évanoüit quelques heures
après. Mon Patron arriva : mon ami,
me dit-il, je viens d'avoir un entretien
très-vif avec Eufrafie; elle foutient que
tu m'as fait un faux raport; tu n'es, fi
on l'en croit, qu'un impofteur, qu'un
Valet dévoüé à mes Neveux, pour l'a-
mour de qui tu n'épargnerois rien pour
me broüiller avec elle; j'ai vû couler
de fes yeux des pleurs véritables; elle
m'a juré par ce qu'il y a de plus facré
qu'elle ne t'a fait aucune propofition,
& qu'elle ne voit pas un homme. Béatrix, qui me paroît une bonne fille,

m'a

m'a protesté la même chose; de sorte que
malgré moi ma colére s'est apaisée.

Hé! quoi, Monsieur, interrompis-
je avec douleur, doutez-vous de ma sin-
cérité? vous défiez-vous.... Non, mon
enfant, interrompit-il à son tour, je te
rends justice, je ne te croi point d'accord
avec mes Neveux; je suis persuadé que
mon intérèt seul te touche, & je t'en sçai
bon gré: mais les aparences sont trompe-
peuses; peut-être n'as-tu pas vû effectivement ce que tu t'imaginois voir, &
dans ce cas juge jusqu'à quel point ton
accusation doit être desagréable à Eufrafie. Quoiqu'il en soit, c'est une femme
que je ne puis m'empêcher d'aimer. Il
faut même que je lui fasse le sacrifice
qu'elle exige de moi, & ce sacrifice est
de te donner ton congé. J'en suis fâché,
mon pauvre Gil Blas, poursuivit-il, & je
t'assure que je n'y ai consenti qu'à regret; mais je ne sçaurois faire autrement.
Ce qui doit te consoler, c'est que je ne
te renvoyerai pas sans récompense; de
plus, je prétends te placer chez une Dame de mes amies, où tu feras fort agréablement.

Je fus bien mortifié de voir tourner
ainsi mon zèle contre moi; je maudis

L 3   Eufrasie,

Eufrafie, & déplorai la foibleffe de Don Gonzale de s'en etre laiffé poffeder. Le bon vieillard fentoit affez qu'en me congédiant, pour plaire feulement à fa Maîtreffe, il ne faifoit pas une action des plus viriles ; auffi, pour compenfer fa moleffe, & me mieux faire avaler la pilule, il me donna cinquante ducats, & mena le jour fuivant chez la Marquife de Chaves. Il dit en ma prefence à cette Dame que j'étois un jeune homme, qui n'avoit que de bonnes qualitez ; qu'il m'aimoit, & que des raifons de famille ne lui permettant pas de me retenir à fon fervice, il la prioit de me prendre au fien ; elle me reçut dès ce moment au nombre de fes Domestiques ; fi bien que je me trouvai tout à coup dans une nouvelle Maifon.

CHAPITRE

CHAPITRE VIII.

De quel caractére étoit la Marquise de Chaves, & quelles personnes alloient ordinairement chez elle.

LA Marquise de Chaves étoit une Veuve de trente-cinq ans, belle, grande & bien faite ; elle joüissoit d'un revenu de dix mille ducats, & n'avoit point d'enfans. Je n'ai jamais vû de femme plus sérieuse, ni qui parlât moins, cela ne l'empêchoit pas de passer pour la Dame de Madrid la plus spirituelle. Le grand concours de personnes de qualité & de gens de Lettres qu'on voyoit chez elle tous les jours, contribuoit peut-être plus que ce qu'elle disoit à lui donner cette réputation ; c'est une chose dont je ne déciderai point, je me contenterai de dire que son nom emportoit une idée de génie supérieur, & que sa Maison étoit apellée par excellence dans la Ville : *Le Bureau des Ouvrages d'Esprit.*

Effectivement, on y lisoit chaque jour, tantôt des Poëmes dramatiques, tan-

L 4　　tôt

tôt d'autres Poësies ; mais on n'y faisoit guéres que des lectures sérieuses.
Les Piéces comiques y étoient mépri-
sées ; on n'y regardoit la meilleure Comédie , ou le Roman le plus ingénieux
& le plus égayé , que comme une foible production qui ne méritoit aucune
loüange ; au lieu que le moindre Ouvrage sérieux , une Ode , une Eglogue , un
Sonnet y passoit pour le plus grand effort de l'esprit humain. Il arrivoit souvent que le Public ne confirmoit pas les
jugemens du Bureau , & que même il
siffloit quelquefois impoliment les Piéces
qu'on y avoit fort aplaudies.

J'étois Maître de salle dans cette Maison , c'est-à-dire , que mon emploi con-
sistoit à tout préparer dans l'apartement de ma Maîtresse , pour recevoir la
Compagnie ; à ranger des chaises pour
les hommes , & des carreaux pour les
femmes ; après quoi je me tenois à la porte de la chambre , pour annoncer & introduire les personnes qui arrivoient. Le
premier jour , à mesure que je les faisois entrer , le Gouverneur des Pages ;
qui par hazard étoit alors dans l'antichambre avec moi , me les dépeignoit
agréablement , il se nommoit André
Molina ;

Molina ; il étoit naturellement froid &
railleur , & ne manquoit pas d'efprit.
D'abord un Evêque fe prefenta ; je l'annonçai ; & quand il fut entré , le Gouverneur me dit : Ce Prélat eft d'un caractére affez plaifant ; il a quelque crédit à la Cour , mais il voudroit bien perfuader qu'il en a beaucoup ; il fait des
offres de fervice à tout le monde , & ne
fert perfonne. Un jour il rencontre chez
le Roi un Cavalier qui le faluë , i! l'arrête , l'accable de civilitez , & lui fer-
rant la main : Je fuis , lui dit-il , tout acquis à votre Seigneurie ; mettez-moi, de
grace , à l'épreuve ; je ne mourrai point
content , fi je ne trouve une occafion de
vous obliger. Le Cavalier le remercia
d'une maniére pleine de reconnoiffance ;
& quand ils furent tous deux féparez , le
Prélat dit à un de fes Officiers qui le fuivoit : je croi connoître cet homme-là ,
j'ai une idée confufe de l'avoir vû quelque part.

Un moment après l'Evêque , le fils
d'un Grand parut , & lorfque je l'eus introduit dans la chambre de ma Maîtreffe:
Ce Seigneur, me dit Molina , eft encore
un original ; imaginez-vous qu'il entre
fouvent dans une Maifon pour traiter
d'une

d'une affaire importante avec le Maître du logis, qu'il quitte fans fe fouvenir de lui en parler. Mais, ajoûta le Gouverneur, en voyant arriver deux femmes, voici Dona Angela de Penafiel & Dona Margarita de Montalvan ; ce font deux Dames qui ne fe reffemblent nullement ; Dona Margarita fe picque d'être Philofophe ; elle va tenir tête aux plus profonds Docteurs de Salamanque, & jamais fes raifonnemens ne céderont à leurs raifons. Pour Dona Angela, elle ne fait point la fçavante, quoiqu'elle ait l'efprit cultivé ; fes difcours ont de la juftefle ; fes penfées font fines ; fes expreffions délicates, nobles & naturelles. Ce dernier caractére eft aimable, dis-je à Molina ; mais l'autre ne convient guéres, ce me femble, au beau fexe. Pas trop, répondit-il en foûriant, il y a même bien des hommes qu'il rend ridicules. Madame la Marquife notre Maîtreffe, continua-t'il, eft auffi un peu gripée de Philofophie. Qu'on va difputer ici aujourd'hui ! Dieu veüille que la Religion ne foit pas interreffée dans la difpute.

Comme il achevoit ces mots, nous vîmes entrer un homme fec, qui avoit l'air grave & renfrogné ; mon Gouverneur

neur ne l'épargna point ; celui-ci , me
dit-il , eſt un de ces eſprits ſérieux qui
veulent paſſer pour de grands génies , à
la faveur de quelques Sentences tirées
de Senéque , & qui ne ſont que de ſots
perſonnages , à les examiner fort ſérieu-
ſement. Il vint enſuite un Cavalier d'aſſez belle taille , qui avoit la mine Grec-
que , c'eſt-à-dire , le maintien plein de
ſuffiſance ; je demandai qui c'étoit , c'eſt
un Poëte dramatique , me dit Molina ;
il a fait cent mille vers en ſa vie , qui ne
lui ont pas raporté quatre ſols ; mais
en récompenſe , il vient avec ſix lignes
de proſe de ſe faire un établiſſement
conſidérable.

J'allois m'éclaircir de la nature d'une
fortune faite à ſi peu de frais , quand j'entendis un grand bruit ſur l'eſcalier. Bon ,
s'écria le Gouverneur , voici le Licencié
Campanario ; il s'annonce lui-même
avant qu'il paroiſſe ; il ſe met à parler
dès la porte de la ruë , & en voilà juſqu'à ce qu'il ſoit ſorti de la Maiſon. En
effet , tout retentiſſoit de la voix du
bruyant Licencié , qui entra enfin dans
l'antichambre , avec un Bachelier de ſes
amis , & qui ne déparla point , tant que
dura ſa viſite. Le Seigneur Campanario ,

rio, dis-je à Molina, eſt aparemment un beau génie. Oüi, répondit mon Gouverneur, c'eſt un homme qui a des ſaillies brillantes, des expreſſions détournées ; il eſt réjoüiſſant ; mais outre que c'eſt un parleur impitoyable, il ne laiſſe pas de ſe répéter ; & pour n'eſtimer les choſes qu'autant qu'elles valent, je croi que l'air agréable & comique dont il aſſaiſonne ce qu'il dit, en fait le plus grand mérite ; la meilleure partie de ſes traits ne feroient pas grand honneur à un Recüeil de bons mots.

Il vint encore d'autres perſonnes, dont Molina me fit de plaiſans portraits. Il n'oublia pas de me peindre auſſi la Marquiſe ; je vous donne, me dit-il, notre Patrone pour un eſprit aſſez uni, malgré ſa Philoſophie ; elle n'eſt point d'une humeur difficile, & on a peu de caprices à eſſuyer en la ſervant ; c'eſt une femme de qualité des plus raiſonnables que je connoiſſe ; elle n'a même aucune paſſion ; elle eſt ſans goût pour le jeu, comme pour la galanterie, & n'aime que la converſation. Sa vie ſeroit bien ennuyeuſe pour la plûpart des Dames. Le Gouverneur par cet éloge me prévint en faveur de ma Maîtreſſe ; cependant

dant quelques jours après , je ne pus m'empêcher de la foupçonner de n'être pas fi ennemie de l'amour , & je vais dire fur quel fondement je conçus ce foupçon.

Un matin , pendant qu'elle étoit à fa toilette , il fe prefenta devant moi un petit homme de quarante ans , defagréable de fa figure, plus craffeux que l'Auteur Pédro de Moya , & fort boffu par deffus le marché ; il me dit qu'il vouloit parler à Madame la Marquife. Je lui demandai de quelle part. De la mienne, répondit-il fiérement ; dites-lui que je fuis le Cavalier dont elle s'eft entretenuë hier avec Dona Anna de Velafco. Je l'introduifis dans l'apartement de ma Maîtreffe , & je l'annonçai. La Marquife fit auffi-tôt une exclamation , & dit avec un tranfport de joïe , qu'il pouvoit entrer ; elle ne fe contenta pas de le recevoir favorablement , elle obligea toutes fes femmes à fortir de la Chambre ; de forte que le petit boffu , plus heureux qu'un honnête homme , y demeura feul avec elle. Les foubrettes & moi, nous rîmes un peu de ce beau tête à tête , qui dura près d'une heure; après quoi ma Patrone congédia le boffu, en

lui

lui faifant des civilitez qui marquoient qu'elle etoit très-contente de lui.

Elle avoit effectivement pris tant de goût à fon entretien, qu'elle me dit le foir en particulier : Gil Blas, quand le boffu reviendra, faites-le entrer dans mon apartement le plus fecrettement que vous pourrez. J'obéïs, dès que le petit homme revint, & ce fut le lende-main matin ; je le conduifis par un efca-lier dérobé jufques dans la chambre de Madame ; je fis pieufement la meme chofe deux ou trois fois, fans m'imagi-ner qu'il pût y avoir de la galanterie ; mais la malignité qui eft fi naturelle à l'homme, me donna bien-tôt d'étran-ges idées, & je conclus que la Mar-quife avoit des inclinations bizarres, ou que le boffu faifoit le perfonnage d'un entremetteur.

Ma foi, difois-je prévenu de cette opinion, fi ma Maîtreffe aime quel-que homme bien fait, je le lui par-donne ; mais fi elle eft entêtée de ce magot, franchement je ne puis excu-fer cette dépravation de goût. Que je jugeois mal de la patrone ! Le petit bof-fu fe mêloit de magie, & comme on avoit vanté fon fçavoir à la Marquife,

qui

qui se prêtoit volontiers aux prestiges des Charlatans, elle avoit des entretiens particuliers avec lui; il faisoit voir dans le verre, montroit à tourner le sas, & révéloit pour de l'argent tous les mystéres de la cabale, ou bien pour parler plus juste, c'étoit un fripon qui subsistoit aux dépens des personnes trop crédules, & l'on disoit qu'il avoit sous contribution plusieurs femmes de qualité.

CHAPITRE IX.

Par quel incident Gil Blas sortit de chez la Marquise de Chaves, & ce qu'il devint.

IL y avoit déja six mois que je demeurois chez la Marquise de Chaves, & j'avouë que j'étois fort content de ma condition; mais la destinée que j'avois à remplir ne me permit pas de faire un plus long séjour dans la Maison de cette Dame, ni même à Madrid; je vais conter quelle avanture m'obligea de m'en éloigner. Parmi les femmes de ma Maîtresse, il y en avoit une qu'on apelloit Porcie;
outre

outre qu'elle étoit jeune & belle , je la
trouvai d'un si bon caractére , que je
m'y attachai, sans sçavoir qu'il me faudroit disputer son cœur. Le Secrétaire
de la Marquise, homme fier & jaloux,
étoit épris de ma belle ; il ne s'aperçût
pas plûtôt de mon amour , que sans
chercher à s'éclaircir de quel œil Porcie
me voyoit , il résolut de se battre avec
moi ; pour cet effet , il me donna rendez-vous un matin dans un endroit écarté. Comme c'étoit un petit homme qui
m'arrivoit à peine aux épaules , & qui
me paroissoit très-foible , je ne le crus
pas un rival fort dangereux. Je me rendis avec confiance au lieu où il m'avoit
apellé ; je comptois bien de remporter
une victoire aisée , & de m'en faire un
mérite auprès de Porcie ; mais l'événement ne répondit point à mon attente, le
petit Secretaire , qui avoit deux ou trois
ans de salle , me desarma comme un
enfant , & me presentant la pointe de
son épée : Prépare-toi , me dit-il , à
recevoir le coup de la mort , ou bien
donne-moi ta parole d'honneur que tu
sortiras aujourd'hui de chez la Marquise
de Chaves, & que tu ne penseras plus
à Porcie. Je lui fis cette promesse , &
je

je la tins fans répugnance ; je me faifois
une peine de paroître devant les Domeftiques de nôtre Hôtel, après avoir été
vaincu, & fur-tout devant la belle Hé-
léne qui avoit fait le fujet de notre combat ; je ne retournai au logis que pour
y prendre tout ce que j'avois de nipes
& d'argent, & dès le même jour je
marchai vers Toléde, la bourfe affez
bien garnie, & le dos chargé d'un paquet, compofé de toutes mes hardes.
Quoique je ne me fuffe point engagé
à quitter le féjour de Madrid, je jugeai
à propos de m'en écarter du moins pour
quelques années ; je formai la réfolution de parcourir l'Efpagne & de m'arrêter de Ville en Ville ; l'argent que
j'ai, difois-je, me menera loin ; je ne
le dépenferai pas indifcrettement, &
quand je n'en aurai plus, je me remet-
trai à fervir ; un garçon fait comme je
fuis, trouvera des conditions de refte,
quand il lui plaira d'en chercher.

J'avois particuliérement envie de voir
Toléde ; j'y arrivai au bout de trois
jours ; j'allai loger dans une bonne Hôtellerie, où je paffai pour un Cavalier
d'importance à la faveur de mon habit
d'homme à bonnes fortunes, dont je

ne manquai pas de me parer ; & par des
airs de Petit - Maître que j'affectai de
me donner , il dépendit de moi de lier
commerce avec de jolies femmes qui de-
meuroient dans mon voifinage ; mais
comme j'apris qu'il falloit débuter chez
elles , par une grande dépenfe , cela brida
mes defirs , & me fentant toûjours du
goût pour les voyages , après avoir vû
tout ce qu'on voit de curieux à Toléde,
j'en partis un jour au lever de l'aurore,
& pris le chemin de Guença , dans le
deffein d'aller en Arragon. J'entrai la fe-
conde journée dans une Hôtellerie que
je trouvai fur la route , & dans le tems
que je commençois à m'y rafraîchir , il
furvint une troupe d'Archers de la fainte Hermandad. Ces Meffieurs deman-
dérent du vin , fe mirent à boire , &
j'entendis qu'en bûvant ils faifoient le
portrait d'un jeune homme qu'ils avoient
ordre d'arrêter. Le Cavalier, difoit l'un
d'entr'eux , n'a pas plus de vingt-trois
ans ; il a de longs cheveux noirs , une
belle taille , le nez aquilin , & il eft monté fur un cheval bai-brun.

Je les écoutai fans paroître faire quelque attention à ce qu'ils difoient , & véritablement je ne m'en foucicis guéres.

Je

Je les laissai dans l'Hôtellerie & continuai mon chemin ; je n'eus pas fait un
demi-quart de lieuë, que je rencontrai
un jeune Cavalier fort bien fait & monté sur un cheval chatain : par ma foi,
dis·je en moi·même , voici l'homme
que les Archers cherchent ; il a une longue chevelure noire & le nez aquilin ,
il faut que je lui rende un bon office.
Seigneur , lui dis-je , permettez-moi de
vous demander si vous n'avez point sur
les bras quelque affaire d'honneur. Le
jeune homme sans me répondre , jetta
les yeux sur moi , & parut surpris de
ma question. Je l'assurai que ce n'étoit
point par curiosité que je venois de lui
adresser ces paroles ; il en fut bien persuadé , quand je lui eus raporté tout
ce que j'avois entendu dans l'Hôtellerie.
Généreux inconnu , me dit-il , je ne vous
dissimulerai point que j'ai sujet de croire qu'effectivement c'est à moi que ces
Archers en veulent ; ainsi je vais suivre
une autre route pour les éviter. Je suis
d'avis , lui repliquai-je , que nous cherchions un endroit où vous soyez sûrement , & où nous puissions nous mettre à couvert d'un orage que je vois dans
l'air, & qui va bien-tôt tomber. En mê-

me-tems , nous découvrîmes & gagnâmes une allée d'arbres aſſez touffus qui
nous conduiſit au pied d'une montagne
où nous trouvâmes un Hermitage.

C'étoit une grande & profonde grotte
que le tems avoit percée dans la montagne , & la main des hommes y avoit
ajouté un avant - corps de logis bâti de
roccailles & de coquillages , & tout
couvert de gazon. Les environs étoient
parſemez de milles ſortes de fleurs qui
parfumoient l'air , & l'on voyoit auprès
de la grotte une petite ouverture dans la
montagne par où ſortoit avec bruit une
ſource d'eau , qui couroit ſe répandre
dans une prairie. Il y avoit à l'entrée de
cette Maiſon ſolitaire un bon Hermite ;
qui paroiſſoit accablé de vieilleſſe ; il
s'apuyoit d'une main ſur un bâton , &
de l'autre , il tenoit un roſaire à gros
grains, de vingt dixaines pour le moins ;
il avoit la tête enfoncée dans un bonet
de laine brune à longues oreilles , & ſa
barbe plus blanche que la neige , lui deſ-
cendoit juſqu'à la ceinture ; nous nous
aprochâmes de lui : Mon Pere, lui dis-
je , vous voulez bien que nous vous de-
mandions un aſile contre l'orage qui
nous menace. Venez , mes enfans , répondit

pondit l'Anachorette, après m'avoir re-
gardé avec attention, cet Hermitage
vous eft ouvert, & vous y pourrez demeurer tant qu'il vous plaira. Pour votre cheval, ajouta-t'il en nous montrant
l'avant-corps de logis, il fera fort bien
là. Le Cavalier qui m'accompagnoit y
fit entrer fon cheval, & nous fuivîmes
le vieillard dans la grotte.

Nous n'y fûmes pas plûtôt, qu'il
tomba une groffe pluïe entre-mêlée d'é-
clairs & de coups de tonnerre épouven-
tables ; l'Hermite fe mit à genoux devant une image de faint Pacôme, qui
étoit colée contre le mur, & nous en
fîmes autant à fon exemple. Cependant
le tonnerre ceffa ; nous nous levâmes,
mais comme la pluïe continuoit, &
que la nuit n'étoit pas fort éloignée,
le vieillard nous dit : Mes enfans, je
ne vous confeille pas de vous remettre en chemin par ce tems-là, à moins
que vous n'ayez des affaires bien pref-
fantes. Nous répondîmes le jeune homme & moi, que nous n'en avions point
qui nous défendît de nous arrêter, &
que fi nous n'apréhendions pas de l'incommoder, nous le prierions de nous
laiffer paffer la nuit dans fon Hermitage.

ge. Vous ne m'incommoderez point, repliqua l'Hermite ; c'eſt vous ſeuls qu'il
faut plaindre , vous ſerez fort mal couchez , & je n'ai à vous offrir qu'un repas d'Anacorette.

Après avoir ainſi parlé , le ſaint homme nous fit aſſéoir à une petite table , &
nous preſentant quelques ciboules avec
un morceau de pain & une cruche d'eau :
Mes enfans , reprit-il , vous voyez mes
repas ordinaires ; mais je veux aujour-
d'hui faire un excès pour l'amour de
vous. A ces mots , il alla prendre un
peu de fromage & deux poignées de noi-
ſettes qu'il étala ſur la table. Le jeune
homme qui n'avoit pas grand apétit ,
ne fit guéres d'honneur à ces mets. Je
m'aperçois , lui dit l'Hermite , que vous
êtes accoutumé à de meilleures tables
que la mienne , ou plûtôt que la ſenſua-
lité a corrompu votre goût naturel ;
j'ai été comme vous dans le monde ,
les viandes les plus délicates , les ra-
goûts les plus exquis n'étoient pas trop
bons pour moi ; mais depuis que je vis
dans la ſolitude , j'ai rendu à mon goût
toute ſa pureté ; je n'aime preſentement que les racines , les fruits , le lait ;
en un mot , que ce qui faiſoit toute la
nourriture

nourriture de nos premiers Peres.

Tandis qu'il parloit de la forte , le jeune homme tomba dans une profonde réverie ; l'Hermite s'en aperçût : Mon fils , lui dit-il , vous avez l'efprit embarraffé , ne puis-je fçavoir ce qui vous occupe ? ouvrez-moi votre cœur ; ce n'eft point par curiofité que je vous en preffe , c'eft la feule charité qui m'anime ; je fuis dans un âge à donner des confeils , & vous êtes peut-être dans une fituation à en avoir befoin. Oüi , mon Pere , répondit le Cavalier en foupirant , j'en ai befoin fans doute , & je veux fuivre les vôtres , puifque vous avez la bonté de me les offrir ; je croi que je ne rifque rien à me découvrir à un homme tel que vous. Non , mon fils , dit le Vieillard , vous n'avez rien à craindre, on me peut faire toute forte de confidences. Alors le Cavalier lui parla dans ces termes.

CHAPITRE

CHAPITRE X.

*Histoire de Don Alphonse & de la belle
Séraphine.*

JE ne vous déguiſerai rien , mon Pere , non plus qu'à ce Cavalier qui
m'écoute. Après la généroſité qu'il a
fait paroître , j'aurois tort de me défier
de lui. Je vais vous aprendre mes malheurs ; je ſuis de Madrid , & voici mon
origine. Un Officier de la Garde Allemande , nommé le Baron de Steinbach ,
rentrant un ſoir dans ſa Maiſon , aperçut au pied de l'eſcalier un paquet de
linge blanc ; il le prit & l'emporta dans
l'apartement de ſa femme , où il ſe
trouva que c'étoit un enfant nouveau
né , envelopé dans une toilette fort propre , avec un billet par lequel on aſſu-
roit qu'il apartenoit à des perſonnes de
qualité qui ſe feroient connoître un jour ,
& l'on ajoutoit qu'il avoit été baptiſé ,
& nommé Alphonſe. Je ſuis cet enfant
malheureux , & c'eſt tout ce que je ſçai.
Victime de l'honneur ou de l'infidélité ,
j'ignore ſi ma mere ne m'a point expoſé
ſeule-

feulement pour cacher de honteufes amours, ou fi féduite par un amant parjure, elle s'eft trouvée dans la cruelle néceffité de me defavoüer.

Quoi qu'il en foit, le Baron & fa femme furent touchez de mon fort; & comme ils n'avoient point d'enfans, ils fe déterminérent à m'élever fous le nom de Don Alphonfe. A mefure que j'avançois en âge, ils fe fentoient attacher à moi. Mes maniéres flâteufes & complaifantes excitoient à tous momens leurs careffes. Enfin, j'eus le bonheur de m'en faire aimer. Ils me donnérent toute forte de Maîtres. Mon éducation devint leur unique étude; & loin d'attendre impatiemment que mes parens fe découvriffent, il fembloit au contraire qu'ils fouhaitaffent que ma naiffance demeurât toûjours inconnuë. Dès que le Baron me vit en état de porter les armes, il me mit dans le fervice. Il obtint pour moi une Enfeigne, me fit faire un petit équipage; & pour mieux m'animer à chercher les occafions d'acquerir de la gloire, il me reprefenta que la carriére de l'honneur étoit ouverte à tout le monde, & que je pouvois dans la guerre me faire un nom d'autant plus glorieux,

Tome II. N que

que je ne le dévrois qu'à moi feul. En même-tems il me révéla le fecret de ma naiffance, qu'il m'avoit cachée juf-ques-là. Comme je paffois pour fon fils dans Madrid, & que j'avois crû l'être effectivement, je vous avouërai que cet-te confidence me fit beaucoup de peine. Je ne pouvois, & ne puis encore y pen-fer fans honte. Plus mes fentimens fem-blent m'affûrer d'une noble origine, plus j'ai de confufion de me voir aban-donné des perfonnes à qui je dois le jour.

J'allai fervir dans les Païs-Bas : mais la Paix fe fit fort peu de tems après ; & l'Efpagne fe trouvant fans ennemis, mais non fans envieux, je revins à Madrid, où je reçûs du Baron & de fa femme de nouvelles marques de tendreffe. Il y avoit déja deux mois que j'étois de re-tour, lorfqu'un petit Page entra dans ma chambre un matin, & me prefenta un Billet, à peu près conçû dans ces ter-mes : *Je ne fuis ni laide, ni mal faite, & cependant vous me voyez fouvent à mes fenêtres, fans m'agacer. Ce procédé répond mal à votre air galant, & j'en fuis fi pi-quée, que je voudrois bien pour m'en ven-ger vous donner de l'amour.*

Après

Après avoir lû ce billet, je ne doutai
point qu'il ne fût d'une veuve apellée
Léonor, qui demeuroit vis-à-vis de nôtre maison, & qui avoit la réputation d'ê-
tre fort coquette. Je queſtionnai là-deſſus
le petit Page, qui voulut d'abord faire le
diſcret : mais pour un ducat que je lui
donnai, il satisfit ma curfioſité. Il ſe chargea même d'une réponſe, par laquelle je
mandois à ſa Maîtreſſe que je reconnoiſ-
fois mon crime, & que je ſentois déja
qu'elle étoit à demi vengée.

Je ne fus pas inſenſible à cette façon
de conquête. Je ne ſortis point le reſte
de la journée, & j'eus grand ſoin de me
tenir à mes fenêtres, pour obſerver la
Dame, qui n'oublia pas de ſe montrer
aux ſiennes. Je lui fis des mines ; elle y
répondit, & dès le lendemain elle me
manda par ſon petit Page, que ſi je voulois la nuit prochaine me trouver dans
la ruë, entre onze heures & minuit, je
pourrois l'entretenir à la fenêtre d'une
ſalle baſſe. Quoique je ne me ſentiſſe
pas fort amoureux d'une veuve ſi vive,
je ne laiſſai pas de lui faire une réponſe
très-paſſionnée, & d'attendre la nuit avec
autant d'impatience que ſi j'euſſe été
bien touché. Lorſqu'elle fut venuë, j'al-

lai

lai me promener au Prado, jufqu'à l'heure du rendez-vous. Je n'y étois pas encore arrivé, qu'un homme monté fur un
beau cheval, mit tout-à-coup pied à terre
auprès de moi ; & m'abordant d'un air
brufque : Cavalier, me dit-il, n'êtes-vous
pas fils du Baron de Steinbach ? Oüi, lui
répondis-je. C'eft donc vous, reprit-il,
qui devez cette nuit entretenir Léonor à
fa fenêtre ? J'ai vû fes Lettres & vos ré-
ponfes. Son Page me les a montrées, &
je vous ai fuivi ce foir depuis votre maifon jufqu'ici , pour vous aprendre que
vous avez un Rival, dont la vanité s'indigne d'avoir un cœur à difputer avec
vous. Je croi qu'il n'eft pas befoin de
vous en dire davantage. Nous fommes
dans un endroit écarté. Battons-nous, à
moins que pour éviter le châtiment que
je vous aprête, vous ne me promettiez
de rompre tout commerce avec Léonor.
Sacrifiez-moi les efpérances que vous
avez conçûës, ou bien je vais vous ôter la
vie. Il falloit, lui dis-je, demander ce facrifice, & non pas l'exiger. J'aurois pû
l'accorder à vos priéres ; mais je le refufe
à vos menaces.

Hé bien , repliqua-t'il , après avoir
attaché fon cheval à un arbre, battons-
nous

nous donc. Il ne convient point à une perſonne de ma qualité de s'abaiſſer à prier un homme de la vôtre. La plûpart même de mes pareils à ma place ſe vengeroient de vous d'une maniére moins honorable. Je me ſentis choqué de cés derniéres paroles ; & voyant qu'il avoit déja tiré ſon épée, je tirai auſſi la mienne. Nous nous battîmes avec tant de furie, que le combat ne dura pas long - tems. Soit qu'il s'y prît avec trop d'ardeur, ſoit que je fuſſe plus adroit que lui, je le perçai bien-tôt d'un coup mortel. Je le vis chanceler & tomber. Alors ne ſongeant plus qu'à me ſauver, je montai ſur ſon propre cheval, & pris la route de Tolé-de. Je n'oſai retourner chez le Baron de Steinbach, jugeant bien que mon avanture ne feroit que l'affliger; & quand je me repreſentois tout le péril où j'étois, je croyois ne pouvoir aſſez tôt m'éloigner de Madrid.

En faiſant là-deſſus les plus triſtes ré-fléxions, je marchai le reſte de la nuit, & toute la matinée : mais ſur le midi, il fallut m'arréter pour faire repoſer mon cheval, & laiſſer paſſer la chaleur qui devenoit inſuportable. Je demeurai dans un Village juſqu'au coucher du So-

N 3　　　leil.

leil. Après quoi voulant aller tout d'une traite à Toléde, je continuai mon chemin. J'avois déja gagné Illefcas, & deux lieuës par-de-là, lorfqu'environ fur le minuit un orage pareil à celui d'aujourd'hui vint me furprendre au milieu de la campagne. Je m'aprochai des murs d'un jardin que je découvris à quelques pas de moi ; & ne trouvant pas d'abri plus commode, je me rangeai avec mon cheval, le mieux qu'il me fut poffible, auprès de la porte d'un cabinet qui étoit au bout du mur, & au-deffus de laquelle il y avoit un balcon. Comme je m'apuyois contre la porte, je fentis qu'elle étoit ouverte. Ce que j'attribuai à la négligence des domeftiques. Je mis pied à terre, & moins par curiofité, que pour être mieux à couvert de la pluye qui ne laiffoit pas de m'incommoder fous le balcon, j'entrai dans le bas du cabinet avec mon cheval que je tirois par la bride.

Je m'attachai pendant l'orage à obferver les lieux où j'étois ; & quoique je n'en puffe guére juger qu'à la faveur des éclairs, je connus bien que c'étoit une maifon qui ne devoit point apartenir à des perfonnes du commun. J'attendois

dois toûjours que la pluye ceſſât, pour
me remettre en chemin : mais une grande lumiére que j'aperçûs de loin, me
fit prendre une autre réſolution. Je laiſſai mon cheval dans le cabinet, dont j'eûs
ſoin de fermer la porte ; je m'avançai
vers cette lumiére, perſuadé que l'on
étoit encore ſur pied dans cette maiſon,
& réſolu d'y demander un logement
pour cette nuit. Après avoir traverſé
quelques allées, j'arrivai près d'un ſalon
dont je trouvai auſſi la porte ouverte.
J'y entrai ; & quand j'en eus vû toute la
magnificence à la faveur d'un beau luſtre
de criſtal où il y avoit quelques bou-
gies, je ne doutai point que je ne fuſſe
chez un grand Seigneur. Le pavé en étoit
de marbre ; le lambris fort propre & arti-
ſtement doré : la corniche admirablement
bien travaillée, & le platfond me parut
l'ouvrage des plus habiles Peintres. Mais
ce que je regardai particuliérement, ce
fût une infinité de buſtes de Héros Eſpagnols que ſoutenoient des eſcabellons de
marbre jaſpé, qui régnoient autour du
ſalon. J'eus le loiſir de conſidérer toutes ces choſes ; car j'avois beau de
tems en tems prêter une oreille attentive, je n'entendois aucun bruit,

N 4   ni

ni ne voyois paroître perſonne.

Il y avoit à l'un des côtez du ſalon une
porte qui n'étoit que pouſſée; je l'entr'ouvris, & j'aperçus une enfilade de
chambres dont la derniére ſeulement
étoit éclairée. Que dois-je faire, dis-je
alors en moi-même ? M'en retournerai-
je ? ou ſerai-je aſſez hardi pour pénétrer
juſqu'à cette chambre ? Je penſois bien
que le parti le plus judicieux, c'étoit de
retourner ſur mes pas : mais je ne pûs ré-
ſiſter à ma curioſité, ou pour mieux dire,
à la force de mon étoile qui m'entraî-
noit. Je m'avance, je traverſe les chambres, & j'arrive à celle où il y avoit de la
lumiére, c'eſt-à-dire, une bougie qui
brûloit ſur une table de marbre dans un
flambeau de vermeil. Je remarquai d'a-
bord un ameublement d'Eté très-pro-
pre & très-galant : mais bien-tôt jettant les yeux ſur un lit, dont les rideaux
étoient à demi ouverts à cauſe de la chaleur, je vis un objet qui attira mon attention toute entiére. C'étoit une jeune Dame, qui malgré le bruit du tonnerre qui
venoit de ſe faire entendre, dormoit d'un
profond ſommeil. Je m'aprochai d'elle
tout doucement ; & à la clarté que la
bougie me prêtoit, je démêlai un teint &
des

des traits qui m'éblouïrent. Mes efprits tout-à-coup se troublérent à sa
vûë. Je me sentis saisir, transporter :
mais quelques mouvemens qui m'agitas-
sent, l'opinion que j'avois de la noblesse
de son sang, m'empêcha de former une
pensée téméraire, & le respect l'emporta sur le sentiment. Pendant que je
m'enyvrois du plaisir de la contempler,
elle se réveilla.

Imaginez-vous quelle fut sa surprise
de voir dans sa chambre, & au milieu de
la nuit un homme qu'elle ne connoissoit
point ; elle frémit en m'apercevant, &
fit un grand cri. Je m'efforçai de la ras-
surer, & mettant un genoüil à terre : Madame, lui dis-je, ne craignez rien. Je
ne viens point ici pour vous nuire. J'allois continuer : mais elle étoit si effrayée, qu'elle ne m'écouta point. Elle
apelle ses femmes à plusieurs reprises,
& comme personne ne lui répondoit,
elle prend une robe de chambre legére,
qui étoit au pied de son lit, se leve brus-
quement, & passe dans les chambres que
j'avois traversées, en apellant encore
les filles qui la servoient, aussi-bien qu'u-
ne sœur cadette qu'elle avoit sous sa
conduite. Je m'attendois à voir arriver

tous

tous les valets , & j'avois lieu d'apréhender que fans vouloir m'entendre, ils
ne me fiſſent un mauvais traitement :
mais par bonheur pour moi , elle eût
beau crier , il ne vint à ſes cris qu'un
vieux domeſtique , qui ne lui auroit pas
été d'un grand ſecours , ſi elle eût eu
quelque choſe à craindre. Néanmoins
devenuë un peu plus hardie par ſa preſence , elle me demanda fiérement qui
j'étois ; par où , & pourquoi j'avois eu
l'audace d'entrer dans ſa maiſon. Je commençai alors à me juſtifier , & je ne lui
eûs pas ſi-tôt dit que j'avois trouvé la
porte du cabinet du jardin ouverte ,
qu'elle s'écria dans le moment : Juſte
Ciel ! quel ſoupçon me vient dans l'eſprit !

En diſant ces paroles, elle alla prendre la bougie ſur la table ; elle parcou-
rut toutes les chambres l'une après l'autre , & elle n'y vit ni ſes femmes ni ſa
ſœur ; elle remarqua même qu'elles a-
voient emporté toutes leurs hardes. Ses
ſoupçons ne lui paroiſſant alors que
trop bien éclaircis , elle vint à moi avec
beaucoup d'émotion , & me dit : Perfide,
n'ajoute pas la feinte à la trahiſon. Ce
n'eſt point le hazard qui t'a fait entrer
ici.

ici. Tu es de la fuite de Don Fernand
de Leyva , & tu as part à fon crime.
Mais n'efpére pas m'échaper , il me
refte encore affez de monde pour t'arrêter. Madame, lui dis-je, ne me confon-
dez point avec vos ennemis : Je ne connois point Don Fernand de Leyva ; j'i-
gnore même qui vous êtes. Je fuis un
malheureux qu'une affaire d'honneur
oblige à s'éloigner de Madrid , & je jure
par tout ce qu'il y a de plus facré, que
fans l'orage qui m'a furpris , je ne ferois
point venu chez vous : Jugez donc de
moi plus favorablement ; au lieu de me
croire complice du crime qui vous offenfe , croyez-moi plûtôt difpofé à vous
venger. Ces derniers mots, & le ton dont
je les prononçai , apaiférent la Dame ,
qui fembla ne me plus regarder comme
fon ennemi : mais fi elle perdit fa colére,
ce ne fût que pour fe livrer à fa douleur.
Elle fe mit à pleurer amérement. Ses
larmes m'attendrirent , & je n'étois
guére moins affligé qu'elle, bien que je
ne fçuffe pas encore le fujet de fon affliction. Je ne me contentai pas de pleurer avec elle. Impatient de venger fon
injure, je me fentis faifir d'un mouvement de fureur : Madame, m'écriai-je,
quel

quel outrage avez-vous reçu ? Parlez:
J'époufe votre reffentiment. Voulez-
vous que je coure après Don Fernand,
& que je lui perce le cœur ? Nommez-
moi tous ceux qu'il faut vous immoler.
Commandez. Quelques périls, quelques malheurs qui foient attachez à votre vengeance, cet Inconnu, que vous
croyiez d'accord avec vos ennemis, va
s'y expofer pour vous.

Ce tranfport furprit la Dame, & arrêta le cours de fes pleurs. Ah ! Seigneur, me dit-elle, pardonnez ce foupçon à l'état cruel où je me vois. Ces
fentimens généreux détrompent Séraphine. Ils m'ôtent jufqu'à la honte d'a-
voir un Etranger pour témoin d'un affront fait à ma famille. Oüi, noble inconnu, je reconnois mon erreur, & je
ne rejette pas votre fecours. Mais je ne
demande point la mort de Don Fernand.
Hé bien, Madame, repris-je, quels
fervices pouvez-vous attendre de moi ?
Seigneur, repartit Séraphine, voici de
quoi je me plains. Don Fernand de
Leyva eft amoureux de ma fœur Julie
qu'il a vûë par hazard à Toléde, où nous
demeurons ordinairement. Il y a trois
mois qu'il en fit la demande au Comte de
Polan

Polan mon pere qui lui refufa fon aveu,
à caufe d'une vieille inimitié qui régne
entre nos maifons. Ma fœur n'a pas encore quinze ans ; elle aura eu la foibleffe
de fuivre les mauvais confeils de mes
femmes, que D. Fernand a fans doute ga-
gnées ; & ce Cavalier averti que nous
étions toutes feules en cette maifon de
campagne, a pris ce tems pour enlever
Julie. Je voudrois du moins fçavoir quelle retraite il lui a choifie, afin que mon
pere & mon frere qui font à Madrid depuis deux mois puiffent prendre des mefures là-deffus. Au nom de Dieu, ajouta-
t'elle, donnez-vous la peine de parcourir
les environs de Toléde. Faites une exacte
recherche de cet enlevement. Que ma
famille vous ait cette obligation.

La Dame ne fongeoit pas que l'emploi dont elle me chargeoit ne conve-
noit guére à un homme qui ne pouvoit
trop tôt fortir de Caftille ; mais comment y auroit-elle fait réfléxion ? Je n'y
penfai pas moi-même. Charmé du bonheur de me voir néceffaire à la plus aimable perfonne du monde, j'acceptai
la commiffion avec tranfport, & promis
de m'en acquiter avec autant de zèle
que de diligence. En effet, je n'attendis

pas

pas qu'il fût jour, pour aller accomplir ma promeſſe; je quittai ſur le champ Séraphine, en la conjurant de me pardonner la frayeur que je lui avois cauſée, & l'aſſurant qu'elle auroit bien-tôt de mes nouvelles. Je ſortis par-où j'étois entré, mais ſi occupé de la Dame, qu'il ne me fut pas difficile de juger que j'en étois déja fort épris. Je m'en apperçûs encore mieux à l'empreſſement que j'avois de courir pour elle, & aux amoureuſes chiméres que je formai. Je me repreſentois que Séraphine, quoique poſſédée de ſa douleur, avoit remarqué mon amour naiſſant, & qu'elle ne l'avoit peut-être pas vû ſans plaiſir. Je m'imaginois même que ſi je pouvois lui porter des nouvelles certaines de ſa ſœur, & que l'affaire tournât au gré de ſes ſouhaits, j'en aurois tout l'honneur.

D. Alphonſe interrompit en cet endroit le fil de ſon hiſtoire, & dit au vieil Hermite : Je vous demande pardon, mon Pere, ſi trop plein de ma paſſion je m'étends ſur des circonſtances qui vous ennuyent ſans doute. Non, mon fils, répondit l'Anachorette, elles ne m'ennuyent pas. Je ſuis même bien-aiſe de ſçavoir juſqu'à quel point vous êtes

épris

épris de cette jeune Dame dont vous m'entretenez. Je réglerai là-deſſus mes conſeils.

L'eſprit échauffé de ces flateuſes images, reprit le jeune homme, je cherchai pendant deux jours le raviſſeur de Julie ; mais j'eus beau faire toutes les perquiſitions imaginables, il ne me fut pas poſſible d'en découvrir les traces. Très-mortifié de n'avoir recuëilli aucun fruit de mes recherches, je retournai chez Séraphine, que je me peignois dans une extrême inquiétude. Cependant elle étoit plus tranquile que je ne penſois. Elle m'aprit qu'elle avoit été plus heureuſe que moi : qu'elle ſçavoit ce que ſa ſœur étoit devenuë, qu'elle avoit reçû une lettre de Don Fernand même, qui lui mandoit qu'après avoir ſecrettement épouſé Julie, il l'avoit conduite dans un Convent de Toléde. J'ai envoyé ſa lettre à mon pere, pourſuivit Séraphine. J'eſpére que la choſe pourra ſe terminer à l'amiable, & qu'un mariage ſolemnel éteindra bien-tôt la haine qui ſépare depuis ſi long-tems nos maiſons.

Lorſque la Dame m'eut inſtruit du ſort de ſa ſœur, elle parla de la fatigue qu'elle m'avoit cauſée, & du péril où
elle

elle pouvoit m'avoir imprudemment jetté en m'engageant à pourſuivre un raviſſeur, ſans ſe reſſouvenir que je lui avois dit qu'une affaire d'honneur me faiſoit prendre la fuite. Elle m'en fit des excuſes dans les termes les plus obligeans. Comme j'avois beſoin de repos, elle me mena dans le ſalon où nous nous aſſimes tous deux. Elle avoit une robe de chambre de taffetas blanc à rayes noires, avec un petit chapeau de la même étoffe & des plumes noires ; ce qui me fit juger qu'elle pouvoit être veuve. Mais elle me paroiſſoit ſi jeune que je ne ſçavois ce que j'en devois penſer.

Si j'avois envie de m'en éclaircir, elle n'en avoit pas moins de ſçavoir qui j'étois. Elle me pria de lui aprendre mon nom, ne doutant pas, diſoit-elle, à mon air noble, & encore plus à la pitié généreuſe qui m'avoit fait entrer ſi vivement dans ſes intérêts, que je ne fuſſe d'une famille conſidérable. La queſtion m'embarraſſa. Je rougis ; je me troublai, & j'avouërai que trouvant moins de honte à mentir qu'à dire la vérité, je répondis que j'étois fils du Baron de Stein-bach Officier de la Garde Allemande. Dites-moi encore, reprit la Dame, pourquoi

quoi vous êtes forti de Madrid ? Je vous
offre par avance tout le crédit de mon pere, aussi-bien que celui de mon frere Don
Gafpard. C'est la moindre marque de reconnoissance que je puisse donner à un
Cavalier qui pour me servir a négligé jufqu'au foin de fa propre vie. Je ne fis point
difficulté de lui raconter toutes les circonftances de mon combat. Elle donna le
tort au Cavalier que j'avois tué, & promit
d'interresser pour moi toute fa maison.

Quand j'eus fatisfait fa curiofité, je
la priai de contenter la mienne. Je lui
demandai fi fa foi étoit libre ou enga-
gée. Il y a trois ans, répondit-elle, que
mon pere me fit épouser Don Diégue
de Lara ; & je suis veuve depuis quinze mois. Madame, lui dis-je, quel malheur vous a fi-tôt enlevé votre époux ?
Je vais vous l'aprendre, Seigneur, ré-
partit la Dame, pour répondre à la confiance que vous venez de me marquer.

Don Diégue de Lara, poursuivit-elle ;
étoit un Cavalier fort bien fait ; mais quoi
qu'il eût pour moi une paffion violente,
& que chaque jour il mît en ufage pour
me plaire tout ce que l'amant le plus
tendre & le plus vif fait pour fe rendre
agréable à ce qu'il aime, quoi qu'il eût

Tome II. O mille

mille bonnes qualitez, il ne put toucher mon cœur. L'amour n'eſt pas toûjours l'effet des empreſſemens ni du mérite connu; hélas, ajoûta-t'elle, une perſonne que nous ne connoiſſons point nous enchante ſouvent dès la premiére vûë. Je ne pouvois donc l'aimer. Plus confuſe que charmée des témoignages de ſa tendreſſe & forcée d'y répondre ſans penchant, ſi je m'accuſois en ſecret d'ingratitude, je me trouvois auſſi fort à plaindre. Pour ſon malheur & pour le mien, il avoit encore plus de délicateſſe que d'amour. Il déméloit dans mes actions & dans mes diſcours mes mouvemens les plus cachez. Il liſoit au fond de mon ame. Il ſe plaignoit à tous momens de mon indifférence, & s'eſtimoit d'autant plus malheureux de ne pouvoir me plaire, qu'il ſçavoit bien qu'aucun rival ne l'en empéchoit; car j'avois à peine ſeize ans, & avant que de m'offrir ſa foi, il avoit gagné toutes mes femmes, qui l'avoient aſſuré que perſonne ne s'étoit encore attiré mon attention. Oüi, Séraphine, me diſoit-il ſouvent, je voudrois que vous fuſſiez prévenuë pour un autre, & que cela ſeul fût la cauſe de votre inſenſibilité pour moi. Mes ſoins &

votre

votre vertu triompheroit de cet entêtement ; mais je defefpére de vaincre
votre cœur ; puifqu'il ne s'eft pas rendu à
tout l'amour que je vous ai témoigné.
Fatiguée de l'entendre répéter les mêmes
difcours , je lui difois qu'au lieu de troubler fon repos & le mien par trop de délicateffe , il feroit mieux de s'en remettre
au tems. Effectivement à l'âge que j'a-
vois je n'étois guére propre à goûter les
rafinemens d'une paffion fi délicate , &
c'étoit le parti que Don Diégue devoit
prendre ; mais voyant qu'une année entiére s'étoit écoulée , fans qu'il fût plus
avancé qu'au premier jour , il perdit patience , ou plutôt il perdit la raifon ; &
feignant d'avoir à la Cour une affaire
importante , il partit pour aller fervir
dans les Païs-Bas en qualité de volontaire , & bien-tôt il trouva dans les périls ce qu'il y cherchoit , c'eft-à-dire la
fin de fa vie & de fes tourmens.

Après que la Dame eut fait ce recit ,
le caractére fingulier de fon mari devint
le fujet de notre entretien. Nous fûmes
interrompus par l'arrivée d'un courier
qui vint remettre à Séraphine une lettre
du Comte de Polan. Elle me demanda
permiffion de la lire , & je remarquai

O 2   qu'en

qu'en la lifant, elle devenoit pâle &
tremblante. Après l'avoir lûë, elle leva
les yeux au Ciel, pouffa un long foupir,
& fon vifage en un moment fut couvert
de larmes. Je ne vis point tranquile-
ment fa douleur. Je me troublai, &
comme fi j'euffe preffenti le coup qui
m'alloit fraper, une crainte mortelle
vint glacer mes efprits. Madame, lui
dis-je d'une voix prefque éteinte, puis-je
vous demander quels malheurs vous annonce ce billet? Tenez, Seigneur, me
répondit triftement Séraphine en me
donnant la lettre; lifez vous-même ce
que mon pere m'écrit. Hélas, vous n'y
êtes que trop interreffé.

A ces mots, qui me firent frémir,
je pris la lettre en tremblant & j'y trouvai ces paroles: *Don Gafpard votre
frere fe battit hier au Prado. Il reçût
un coup d'épée dont il eft mort aujour-
d'hui; & il a déclaré en mourant que
le Cavalier qui l'a tué eft fils du Baron
de Steinbach Officier de la Garde Allemande. Pour furcroît de malheur,
le meurtrier m'eft échapé. Il a pris la
fuite; mais en quelques lieux qu'il aille
fe cacher, je n'épargnerai rien pour le
découvrir. Je vais écrire à quelques
Gouverneurs*

Gouverneurs qui ne manqueront pas de
le faire arrêter s'il paſſe par les Villes de
leur Juriſdiction, & je vais par d'autres
lettres achever de lui fermer tous les che-
mins.

Le Comte de Polan.

Figurez-vous dans quel deſordre ce
billet jetta tous mes ſens. Je demeurai
quelques momens immobile & ſans avoir
la force de parler. Dans mon accablement, j'enviſage ce que la mort de Don
Gaſpard a de cruel pour mon amour.
J'entre tout-à-coup dans un vif deſeſ-
poir. Je me jette aux pieds de Séraphine,
& lui preſentant mon épée nuë : Madame, lui dis-je, épargnez au Comte de
Polan le ſoin de chercher un homme
qui pourroit ſe dérober à ſes coups.
Vengez vous-même votre frere. Im-
molez-lui ſon meurtrier de votre propre main. Frapez. Que ce même fer
qui lui a ôté la vie devienne funeſte à
ſon malheureux ennemi. Seigneur, me
répondit Séraphine un peu émûë de
mon action, j'aimois Don Gaſpard.
Quoique vous l'ayez tué en brave homme & qu'il ſe ſoit attiré lui-même ſon
malheur, vous devez être perſuadé que
j'entre dans le reſſentiment de mon pere.
Oûi,

Oüi, Don Alphonse, je fuis votre ennemie, & je ferai contre vous tout ce que le fang & l'amitié peuvent exiger de moi. Mais je n'abuferai point de votre mauvaife fortune. Elle a beau vous livrer à ma vengeance. Si l'honneur m'arme contre vous, il me défend aufli de me venger lâchement. Les droits de l'hofpitalité doivent être inviolables, & je ne veux point payer d'un affaflinat le fervice que vous m'avez rendu. Fuyez. Echapez, fi vous pouvez, à nos pourfuites & à la rigueur des loix, & fauvez votre tête du péril qui la menace.

Hé quoi, Madame, repris-je, vous pouvez vous-même vous venger, & vous vous en remettez à des loix qui tromperont peut-être vôtre reffentiment? Ah! percez plutôt un miférable qui ne mérite pas que vous l'épargniez. Non, Madame, ne gardez point avec moi un procédé fi noble & fi généreux. Sçavez-vous qui je fuis? Tout Madrid me croit fils du Baron de Steinbach, & je ne fuis qu'un malheureux qu'il a élevé chez lui par pitié. J'ignore même quels font les auteurs de ma naiffance. N'importe, interrompit Séraphine avec précipitation, comme fi mes derniéres paroles

les lui euffent fait une nouvelle peine,
quand vous feriez le dernier des hommes, je ferai ce que l'honneur me prefcrit. Hé bien, Madame lui dis-je,
puifque la mort d'un frere n'eft pas capable de vous exciter à répandre mon
fang, je veux irriter votre haine par
un nouveau crime dont j'efpere que
vous n'excuferez point l'audace. Je vous
adore. Je n'ai pû voir vos charmes
fans en être ébloüi, & malgré l'obfcurité de mon fort, j'avois formé l'efpérance d'être à vous. J'étois affez amoureux, ou plutôt affez vain pour me flater que le Ciel, qui peut-être me fait
grace en me cachant mon origine, me
la découvriroit un jour; & que je pourrois fans rougir vous aprendre mon
nom. Après cet aveu, qui vous outrage,
balancerez vous encore à me punir?

Ce téméraire aveu, repliqua la Dame, m'offenferoit fans doute dans un
autre tems; mais je le pardonne au
trouble qui vous agite. D'ailleurs, dans
la fituation où je fuis moi-même, je fais
peu d'attention aux difcours qui vous
échapent. Encore une fois, Don Alphonfe, ajouta-t'elle en verfant quelques larmes, partez, éloignez-vous d'u-
ne

ne maifon que vous rempliffez de douleur ; chaque moment que vous y demeurez augmente mes peines. Je ne ré-
fifte plus, Madame, repartis-je en me
relevant, il faut m'éloigner de vous ;
mais ne penfez pas que foigneux de con-
ferver une vie qui vous eft odieufe,
j'aille chercher un afile où je puiffe être
en fûreté. Non, non, je me dévouë à
votre reffentiment ; je vais attendre
avec impatience à Toléde le deftin que
vous me préparez, & me livrant à vos
pourfuites, j'avancerai moi-même la fin
de mes malheurs.

Je me retirai en achevant ces paroles. On me donna mon cheval & je me
rendis à Toléde, où je demeurai huit
jours, & où véritablement je pris fi peu
de foin de me cacher, que je ne fçai
comment je n'ai point été arrété ; car
je ne puis croire que le Comte de Polan,
qui ne fonge qu'à me fermer tous les
paffages, n'ait pas jugé que je pouvois
paffer par Toléde. Enfin je fortis hier
de cette Ville, où il fembloit que je m'en-
nuyaffe d'être en liberté & fans tenir
de route affurée, je fuis venu jufqu'à cet
hermitage, comme un homme qui n'auroit rien à craindre. Voilà, mon Pere,
ce

ce qui m'occupe. Je vous prie de m'aider de vos conseils.

CHAPITRE XI.

Quel homme c'étoit que le vieil Hermite, &
comment Gil Blas s'aperçût qu'il
étoit en Païs de connoissance.

QUand Don Alphonse eut achevé le
triste recit de ses malheurs, le vieil
Hermite lui dit : Mon fils, vous avez eu
bien de l'imprudence de demeurer si
long-tems à Toléde. Je regarde d'un autre
œil que vous tout ce que vous m'avez ra-
conté, & votre amour pour Séraphine
me paroît une pure folie. Croyez-moi,
il faut oublier cette jeune Dame, qui ne
sçauroit être à vous. Cédez de bonne grace aux obstacles qui vous séparent d'elle,
& vous livrez à votre étoile, qui, selon
toutes les aparences, vous promet bien
d'autres avantures. Vous trouverez sans
doute quelque jeune personne qui fera
sur vous la même impression ; & dont
vous n'aurez pas tué le frere.

Il alloit ajouter à cela beaucoup d'autres choses, pour exhorter D. Alphonse

à prendre patience , lorſque nous vîmes
entrer dans l'Hermitage un autre Hermite chargé d'une beſace fort enflée. Il revenoit de faire une copieuſe quête dans
la ville de Cuença. Il paroiſſoit plus jeune
que ſon compagnon, & il avoit une barbe
rouſſe & fort épaiſſe. Soyez le bien venu,
frere Antoine , lui dit le vieil Anachorette
te ; quelles nouvelles aportez-vous de la
Ville?D'aſſez mauvaiſes,répondit le frere
rouſſeau en lui mettant entre les mains
un papier plié en forme de lettre;ce billet
va vous en inſtruire. Le vieillard l'ouvrit;
& après l'avoir lû avec toute l'attention
qu'il méritoit , il s'écria : Dieu ſoit loüé!
puiſque la méche eſt découverte , nous
n'avons qu'à prendre notre parti. Changeons de ſtile , pourſuivit-il , Seigneur D.
Alphonſe , en adreſſant la parole au jeune
Cavalier, vous voyez un homme en butte
comme vous aux caprices de la fortune.
On me mande de Cuença, qui eſt une ville à une lieuë d'ici , qu'on m'a noirci dans
l'eſprit de la Juſtice , dont tous les ſupots
doivent dès demain ſe mettre en campagne pour venir dans cet Hermitage s'aſ-
ſurer de ma perſonne. Mais ils ne trouve-
ront point le liévre au gîte. Ce n'eſt pas
la premiére fois que je me ſuis vû dans

de

de pareils embarras. Graces à Dieu, je m'en suis presque toûjours tiré en homme d'esprit. Je vais me montrer sous une nouvelle forme ; car tel que vous me voïez, je ne suis rien moins qu'un Hermite, & qu'un vieillard.

En parlant de cette maniére, il se dépoüilla de la longue robe qu'il portoit, & l'on vit dessous un pourpoint de serge noire, avec des manches tailladées. Puis il ôta son bonnet, détacha un cordon qui tenoit sa barbe postiche, & prit tout à coup la figure d'un homme de vingt-huit à trente ans. Le frere Antoine, à son exemple, quitta son habit d'Hermite, se défit de la même maniére que son compagnon de sa barbe rousse, & tira d'un vieux coffre de bois à demi pourri, une méchante soutanelle dont il se revêtit. Mais representez-vous ma surprise, lorsque je reconnus dans le vieil Anachorete le Seigneur D. Raphaël, & dans le frere Antoine mon très-cher & très-fidèle valet Ambroise de Lamela. Vive Dieu, m'écriai-je aussi-tôt, je suis ici, à ce que je vois, en Païs de connoissance ! Cela est vrai, Seigneur Gil Blas, me dit Don Raphaël en riant, vous retrouvez deux de vos amis, lorsque vous vous y attendiez

le

le moins. Je conviens que vous avez quelque sujet de vous plaindre de nous : mais oublions le passé, & rendons graces au Ciel qui nous rassemble. Ambroise & moi nous vous offrons nos services ils ne sont point à mépriser. Ne nous croyez pas de méchantes gens. Nous n'attaquons, nous n'assassinons personne. Nous ne cherchons seulement qu'à vivre aux dépens d'autrui ; & si voler est une action injuste, la nécessité en corrige l'injustice. Associez-vous avec nous, & vous ménerez une vie errante. C'est un genre de vie fort agréable, quand on sçait se conduire prudemment. Ce n'est pas que malgré toute notre prudence, l'enchaînement des causes secondes ne soit tel quelquefois qu'il nous arrive de mauvaises avantures. N'importe, nous en trouvons les bonnes meilleures. Nous sommes accoutumez à la variété des tems, aux alternatives de la fortune.

Seigneur Cavalier, poursuivit le faux Hermite en parlant à D. Alphonse, nous vous faisons la même proposition, & je ne croi pas que vous deviez la rejetter, dans la situation où vous paroissez être ; car sans parler de l'affaire qui vous oblige à vous cacher, vous n'avez pas

fans doute beaucoup d'argent. Non, vraiment, dit D. Alphonfe, & cela, je l'avouë,
augmente mes chagrins. Hé bien, reprit
D. Raphaël, ne nous quittez donc point.
Vous ne fçauriez mieux faire que de vous
joindre à nous. Rien ne vous manquera,
& nous rendrons inutiles toutes les recherches de vos ennemis. Nous connoif-
fons prefque toute l'Efpagne, pour l'avoir
parcouruë. Nous fçavons où font les bois,
les montagnes, tous les endroits propres
à fervir d'afyle contre les brutalitez de la
Juftice. Don Alphonfe les remercia de
leur bonne volonté; & fe trouvant effectivement fans argent, fans reffource, il fe
réfolut à les accompagner. Je m'y déter-
minai auffi, parce que je ne voulus point
quitter ce jeune homme, pour qui je me
fentis naître beaucoup d'inclination.

Nous convînmes tous quatre d'aller
enfemble, & de ne nous point féparer. Il
fût mis en déliberation fi nous partirions
à l'heure même, ou fi nous donnerions
auparavant quelque atteinte à un outre
plein d'un excellent vin, que le frere Antoine avoit aporté de la ville de Cuença
le jour précédent : mais Raphaël, comme
celui qui avoit le plus d'expérience, reprefenta qu'il falloit avant toutes chofes

penfer

penſer à notre ſûreté : qu'il étoit d'avis
que nous marchaſſions toute la nuit pour
gagner un bois fort épais, qui étoit entre
Villardeſa & Almodabar : que nous ferions halte en cet endroit, où nous voïant
ſans inquiétude, nous paſſerions la journée à nous repoſer. Cet avis fut aprouvé.
Alors les faux Hermites firent deux pa-
quets de toutes les hardes, & les provi-
ſions qu'ils avoient, & les mirent en équi-
libre ſur le cheval de D. Alphonſe. Cela
ſe fit avec une extrême diligence. Après
quoi nous nous éloignâmes de l'Hermitage, laiſſant en proye à la juſtice les deux
robes d'Hermite, avec la barbe blanche,
& la barbe rouſſe, deux grabats, une table, un mauvais coffre, deux vieilles chai-
ſes de paille, & l'Image de ſaint Pacôme.

Nous marchâmes toute la nuit, & nous
commencions à nous ſentir fort fatiguez,
lorſqu'à la pointe du jour nous aperçu-
mes le bois où tendoient nos pas. La vûë
du Port donne une vigueur nouvelle aux
Matelots laſſez d'une longue navigation.
Nous prîmes courage, & nous arrivâmes
enfin au bout de notre carriére avant le
lever du Soleil. Nous nous enfonçâmes
dans le plus épais du bois, & nous nous
arrêtâmes dans un endroit fort agréable,

ſur

fur un gazon entouré de plufieurs gros chênes, dont les branches entremêlées formoient une voute que la chaleur du jour ne pouvoit percer. Nous débridâmes le cheval pour le laiffer paître, après l'avoir déchargé. Nous nous affimes. Nous tirâmes de la beface du frere Antoine quelques groffes pieces de pain, avec plufieurs morceaux de viandes rôties, & nous nous mîmes à nous en efcrimer comme à l'envi l'un de l'autre. Néanmoins quelque apétit que nous euffions, nous ceffions fouvent de manger, pour donner des accolades à l'outre, qui ne faifoit que paffer des bras de l'un entre les bras de l'autre.

Sur la fin du repas, Don Raphaël dit à D. Alphonfe : Seigneur Cavalier, après la confidence que vous m'avez faite, il eft jufte que je vous raconte auffi l'hiftoire de ma vie avec la même fincérité. Vous me ferez plaifir, répondit le jeune homme ; & à moi particuliérement, m'écriai-je ; j'ai une extrême curiofité d'entendre vos avantures. Je ne doute pas qu'elles ne foient dignes d'être écoutées. Je vous en réponds, repliqua Raphaël, & je prétens bien les écrire un jour. Ce fera l'amufement de ma vieilleffe ; car je fuis encore

P 4   jeune

jeune , & je veux groſſir le volume. Mais
nous ſommes fatiguez. Délaſſons-nous
par quelques heures de ſommeil. Pendant que nous dormirons tous trois , Ambroiſe veillera de peur de ſurpriſe , &
tantôt à ſon tour il dormira. Quoique
nous ſoyons , ce me ſemble , ici fort en ſûreté , il eſt toûjours bon de ſe tenir ſur ſes
gardes. En achevant ces mots, il s'étendit
ſur l'herbe. Don Alphonſe fit la même
choſe. Je ſuivis leur exemple , & Lamela
ſe mit en ſentinelle.

D. Alphonſe , au lieu de prendre quelque repos , s'occupa de ſes malheurs , &
je ne pûs fermer l'œil. Pour D. Raphaël,
il s'endormit bien-tôt : mais il ſe réveilla
une heure après ; & nous voyant diſpoſez à l'écouter , il dit à Lamela : Mon ami
Ambroiſe , tu peux preſentement goûter
la douceur du ſommeil. Non , non , répondit Lamela , je n'ai point envie de
dormir ; & bien que je ſçache tous les
événemens de votre vie , ils ſont ſi inſtru-
ctifs pour les perſonnes de notre profeſſion , que je ſerai bien aiſe de les entendre
encore raconter. Auſſi-tôt Don Raphaël
commença dans ces termes l'hiſtoire de
ſa vie.

Fin du quatriéme Livre.
HISTOIRE

HISTOIRE

DE

GIL BLAS

DE SANTILLANE.

LIVRE CINQUIE'ME.

CHAPITRE I.

Histoire de Don Raphaël.

JE suis fils d'une Comédienne de Madrid, fameuse par sa déclamation, & plus encore par ses galanteries ; elle se nommoit Lucinde. Pour un pere , je ne puis , sans témérité , m'en donner un. Je dirois bien quel homme de qualité étoit amoureux de ma mere, lorsque

lorſque je ſuis venu au monde : mais cette époque ne ſeroit pas une preuve convaincante qu'il fût l'auteur de ma naiſſance. Une perſonne de la profeſſion de ma mere eſt ſi ſujette à caution, que dans le tems même qu'elle paroît le plus attachée à un Seigneur, elle lui donne preſque toûjours quelque ſubſtitut pour ſon argent.

Rien n'eſt tel que de ſe mettre au-deſſus de la médiſance. Lucinde, au lieu de me faire élever chez elle dans l'obſcurité, me prenoit ſans façon par la main, & me menoit au Théâtre fort honnêtement, ſans ſe ſoucier des diſcours qu'on tenoit ſur ſon compte, ni des ris malins que ma vûë ne manquoit pas d'exciter. Enfin, je faiſois ſes délices, & j'étois careſſé de tous les hommes qui venoient au logis. On eût dit que le ſang parloit en eux en ma faveur.

On me laiſſa paſſer les douze premiéres années de ma vie dans toutes ſortes d'amuſemens frivoles. A peine me montra-t'on à lire & à écrire. On s'attacha moins encore à m'enſeigner les principes de ma Religion. J'apris ſeulement à danſer, à chanter, & à joüer de la guittare. C'eſt tout ce que je ſçavois faire, lorſque

que le Marquis de Léganez me demanda
pour être auprès de fon fils unique, qui
avoit à peu près mon âge. Lucinde y
confentit volontiers; & ce fut alors que je
commençai à m'occuper férieufement.
Le jeune Léganez n'étoit pas plus avancé
que moi ; ce petit Seigneur ne paroiffoit
pas né pour les fciences. Il ne connoiffoit
prefque pas une lettre de fon alphabet,
bien qu'il eût un Précepteur depuis quinze mois; fes autres Maîtres n'en tiroient
pas meilleur parti; il mettoit leur patience à bout. Il eft vrai qu'il ne leur
étoit pas permis d'ufer de rigueur à fon
égard ; ils avoient un ordre exprès de
l'inftruire fans le tourmenter ; & cet ordre joint à la mauvaife difpofition du fujet, rendoit les leçons affez inutiles.

Mais le Précepteur imagina un bel expédient pour intimider le jeune Seigneur,
fans aller contre la défenfe de fon pere:
il réfolut de me foüetter, quand le petit
Léganez mériteroit d'être puni, & il
ne manqua pas d'exécuter fa réfolution.
Je ne trouvai point l'expédient de mon
goût. Je m'échapai , & m'allai plaindre à ma mere d'un traitement fi injufte.
Cependant quelque tendreffe qu'elle fe
fentît pour moi, elle eût la force de
réfifter

réfifter à mes larmes ; & confidérant que
c'étoit un grand avantage pour fon fils
d'être chez le Marquis de Léganez, elle
m'y fit ramener fur le champ. Me voilà
donc livré au Précepteur. Comme il s'é-
toit aperçu que fon invention avoit
produit un bon effet, il continua de me
foüetter à la place du petit Seigneur ; &
pour faire plus d'impreffion fur lui, il
m'étrilloit très-rudement. J'étois fûr de
payer tous les jours pour le jeune Léganez. Je puis dire qu'il n'a pas apris une
lettre de fon alphabet qui ne m'ait couté
cent coups de foüet ; jugez à combien me
revient fon rudiment.

Le foüet n'étoit pas le feul defagré-
ment que j'euffe à effuyer dans cette
maifon : comme tout le monde m'y connoiffoit, les moindres domeftiques, jufqu'aux marmitons, me reprochoient ma
naiffance. Cela me déplût à un point,
que je m'enfuis un jour, après avoir
trouvé moyen de me faifir de tout ce
que le Précepteur avoit d'argent comptant. Ce qui pouvoit bien aller à cent
cinquante ducats. Telle fut la vengeance
que je tirai des coups de foüet qu'il m'a-
voit donnez fi injuftement. Je fis ce tour
de main avec beaucoup de fubtilité, quoi
que

que ce fut mon coup d'effai , & j'eûs
l'adreffe de me dérober aux perquifitions
qu'on fit de moi pendant deux jours. Je
fortis de Madrid , & me rendis à Toléde,
fans voir perfonne à mes trouffes.

J'entrois alors dans ma quinziéme année. Quel plaifir , à cet âge , d'être in-
dépendant & maître de fes volontez !
J'eus bien-tôt fait connoiffance avec de
jeunes gens qui me dégourdirent,& m'ai-
dérent à manger mes ducats. Je m'affo-
ciai enfuite avec des Chevaliers de l'induftrie, qui cultivérent fi bien mes heu-
reufes difpofitions, que je devins en peu
de tems un des plus forts de l'Ordre. Au
bout de cinq années , l'envie de voyager
me prit ; je quittai mes Confréres ; &
voulant commencer mes voyages par
l'Eftremadure , je gagnai Alcantara :
mais avant que d'y arriver, je trouvai
une occafion d'exercer mes talens , &
je ne la laiffai point échaper. Comme
j'étois à pied , & de plus chargé d'un havrefac affez pefant , je m'arrétois de
tems en tems pour me repofer fous les
arbres, qui m'offroient leur ombrage à
quelques pas du grand chemin. Je rencontrai deux enfans de famille qui s'entretenoient avec gayeté fur l'herbe en prenant

nant le frais. Je les faluai très civilement,
& ce qui me parut ne leur pas déplaire,
j'entrai dans leur converfation. Le plus
vieux n'avoit pas quinze ans. Ils étoient
tous deux bien fincéres : Seigneur Cavalier, me dit le plus jeune, nous fommes
fils de deux riches Bourgeois de Plazen-
cia. Nous avons une extrême envie de
voir le Royaume de Portugal, & pour
fatisfaire notre curiofité, nous avons
pris chacun cent piftoles à nos parens.
Bien que nous voyagions à pied, nous
ne laifferons pas d'aller loin avec cet argent. Qu'en penfez-vous ? Si j'en avois
autant, lui répondis-je, Dieu fçait où
j'irois. Je voudrois parcourir les quatre
parties du monde. Comment diable, deux
cens piftoles ? C'eft une fomme immenfe.
Vous n'en verrez jamais la fin. Si vous
l'avez pour agréable, Meffieurs, ajoû-
tai-je, j'aurai l'honneur de vous accompagner jufqu'à la ville d'Almérin, où je
vais recuëillir la fucceffion d'un oncle
qui depuis vingt années ou environ s'é-
toit établi-là.

Les jeunes Bourgeois me témoignérent que ma compagnie leur feroit plaifir. Ainfi, lorfque nous nous fûmes tous
trois un peu délaffez, nous marchâmes
vers

vers Alcantara, où nous arrivâmes long-
tems avant la nuit. Nous allâmes loger à une bonne hôtellerie. Nous demandâmes une chambre, & l'on nous
en donna une où il y avoit une armoire
qui fermoit à clef. Nous ordonnâmes
d'abord le souper,& pendant qu'on nous
l'aprêtoit, je proposai à mes compagnons de voyage de nous promener dans
la ville. Ils acceptérent la proposition.
Nous serrâmes nos havresacs dans l'armoire, dont un des Bourgeois prit la
clef, & nous sortîmes de l'hôtellerie.
Nous allâmes visiter les Eglises, & dans
le tems que nous étions dans la princi-
pale, je feignis tout-à-coup d'avoir une
affaire importante : Messieurs, dis-je à
mes camarades, je viens de me souvenir
qu'une personne de Toléde m'a chargé
de dire de sa part deux mots à un Marchand qui demeure auprès de cette Eglise. Attendez-moi, de grace, ici. Je
serai de retour dans un moment. A ces
mots, je m'éloignai d'eux. Je cours à
l'hôtellerie, je vole à l'armoire ; j'en
force la serrure, & foüillant dans les
havresacs de mes jeunes Bourgeois, j'y
trouve leurs pistoles. Les pauvres enfans ! je ne leur en laissai pas seulement
une

une pour payer leur gîte. Je les emportai toutes ; après cela , je fortis promptement de la Ville , & pris la route de Mérida , fans m'embarraffer de ce qu'ils deviendroient.

Cette avanture me mit en état de voyager avec agrément. Quoique jeune, je me fentois capable de me conduire prudemment. Je puis dire que j'étois bien avancé pour mon âge. Je réfolus d'acheter une mule, ce que je fis en effet au premier Bourg ; je convertis même mon havrefac en valife , & je commençai à faire un peu plus l'homme d'importance. La troifiéme journée, je rencontrai un homme qui chantoit Vêpres à pleine tête fur le grand chemin ; je jugeai à fon air que c'étoit un Chantre , & je lui dis : Courage, Seigneur Bachelier ; cela va le mieux du monde ; vous avez, à ce que je vois , le cœur au métier. Seigneur , me répondit-il , je fuis Chantre , pour vous rendre mes trèshumbles fervices, & je fuis bien aife de tenir ma voix en haleine.

Nous entrâmes de cette maniére en converfation. Je m'aperçus que j'étois avec un perfonnage des plus fpirituels & des plus agréables; il avoit vingt-quatre ou
vingt-

vingt-cinq ans. Comme il étoit à pied ,
je n'allois que le petit pas pour avoir le
plaisir de l'entretenir. Nous parlâmes
entr'autres choses de Toléde. Je connois parfaitement cette ville , me dit le
Chantre ; j'y ai fait un assez long séjour. J'y ai même quelques amis. Hé
dans quel endroit , interrompis-je, de-
meuriez-vous à Toléde ? Dans la ruë
neuve , répondit-il. J'y demeurois avec
Don Vincent de Buéna Garra , Don
Mathias de Cordel , & deux ou trois autres honnêtes Cavaliers. Nous logions ,
nous mangions ensemble ; nous passions
fort bien le tems. Ces paroles me sur-
prirent , car il faut observer que les Gen-
tilshommes dont il me citoit les noms
étoient les aigrefins avec qui j'avois été
fauxfilé à Toléde. Seigneur Chantre ,
m'écriai-je , ces Messieurs que vous venez de nommer font de ma connoissance , & j'ai demeuré aussi avec eux dans la
ruë neuve. Je vous entends , reprit-il en
souriant , c'est-à-dire que vous êtes entré dans la compagnie depuis trois ans
que j'en suis sorti. Je viens , lui repartis-je , de quitter ces Seigneurs , parce
que je me suis mis dans le goût des voyages. Je veux faire le tour de l'Espagne.

Tome II.   Q   J'en

J'en vaudrai mieux quand j'aurai plus
d'expérience. Sans doute, me dit-il,
pour se perfectionner l'efprit, il faut
voyager. C'eft auffi pour cette raifon
que j'abandonnai Toléde, quoique j'y
vécuffe fort agréablement. Je rends graces au Ciel, pourfuivit-il, qui m'a fait
rencontrer un Chevalier de mon ordre,
lorfque j'y penfois le moins. Uniffons-
nous ; voyageons enfemble ; attentons
fur la bourfe du prochain ; profitons de
toutes les occafions qui fe prefenteront
d'exercer notre fçavoir faire.

Il me fit cette propofition fi franchement & de fi bonne grace, que je l'acceptai. Il gagna tout-à-coup ma confiance en me donnant la fienne. Nous
nous ouvrîmes l'un à l'autre. Je lui
contai mon hiftoire, & il ne me déguifa
point fes avantures. Il m'apprit qu'il venoit de Portalégre, d'où une fourberie
déconcertée par un contre-tems l'avoit
obligé de fe fauver avec précipitation &
fous l'habillement que je lui voyois.
Après qu'il m'eut fait une entiére confidence de fes affaires, nous réfolumes
d'aller tous deux à Mérida tenter la
fortune, d'y faire quelque bon coup fi
nous pouvions, & d'en décamper auffi-
tôt

tôt pour nous rendre ailleurs. Dès ce
moment, nos biens devinrent communs
entre nous. Il eſt vrai que Moralés,
ainſi ſe nommoit mon compagnon, ne
ſe trouvoit pas dans une ſituation fort
brillante. Tout ce qu'il avoit conſiſtoit
en cinq ou ſix ducats avec quelques hardes qu'il portoit dans un biſſac ; mais ſi
j'étois mieux que lui en argent comptant, il étoit en récompenſe plus con-
ſommé que moi dans l'art de tromper
les hommes. Nous montions ma mule
alternativement, & nous arrivâmes de
cette maniére à Mérida.

Nous nous arrêtâmes dans une hôtellerie du fauxbourg, où mon camarade
tira de ſon biſſac un habit dont il ne fut
pas ſi-tôt revêtu, que nous allâmes faire
un tour dans la Ville pour reconnoître
le terrein, & voir s'il ne s'offriroit point
quelque occaſion de travailler. Nous
conſiderions fort attentivement tous les
objets qui ſe preſentoient à nos regards.
Nous reſſemblions, comme auroit dit
Homére, à deux milans qui cherchent
des yeux dans la campagne des oiſeaux
dont ils puiſſent faire leur proye. Nous
attendions enfin que le hazard nous four-
nît quelque ſujet d'employer notre in-

duſtrie

duſtrie , lorſque nous aperçûmes dans la ruë un Cavalier, à cheveux gris, qui avoit l'épée à la main & qui ſe battoit contre trois hommes qui le pouſſoient vigoureuſement L'inégalité de ce combat me choqua, & comme je ſuis naturellement ferrailleur, je volai au ſecours du vieillard. Moralés ſuivit mon exemple. Nous chargeâmes les trois ennemis du Cavalier & nous les obligeâmes à prendre la fuite.

Le vieillard nous fit de grand remerciemens. Nous ſommes ravis, luï dis-je, de nous être trouvez ici ſi à propos pour vous ſecourir ; mais que nous ſçachions du moins à qui nous avons eu le bonheur de rendre ſervice , & ditesnous , de grace , pourquoi ces trois hommes vouloient vous aſſaſſiner ? Meſſieurs, nous répondit - il , je vous ai trop d'obligation pour refuſer de ſatisfaire votre curioſité. Je m'apelle Jérôme de Moyadas & je vis de mon bien dans cette ville. L'un de ces aſſaſſins dont vous m'avez délivré eſt un amant de ma fille. Il me la fit demander en mariage ces jours paſſez , & comme il ne put obtenir mon aveu , il vient de me faire mettre l'épée à la main pour s'en venger. Hé,

peut

peut-on, repris-je, vous demander encore pour quelle raison vous n'avez point accordé votre fille à ce Cavalier ? Je vais vous l'aprendre, me dit-il. J'avois un frere Marchand dans cette Ville, il fe nommoit Auguftin. Il y a deux mois qu'il étoit à Calatrava, logé chez Juan Vélez de la Menbrilla fon correfpondant. Ils étoient tous deux amis intimes, & mon frere pour fortifier encore davantage leur amitié, promit Florentine ma fille unique au fils de fon correfpondant, ne doutant point qu'il n'eût affez de crédit fur moi pour m'obliger à dégager fa promeffe. Effeftivement mon frere étant de retour à Merida, ne m'eut pas plûtôt parlé de ce mariage, que j'y confentis pour l'amour de lui. Il envoya le portrait de Florentine à Calatrava : mais, hélas, il n'a pas eù la fatisfaftion d'achever fon ouvrage ; il eft mort depuis trois femaines. En mourant il me conjura de ne difpofer de ma fille qu'en faveur du fils de fon correfpondant. Je le lui promis, & voilà pourquoi j'ai refufé Florentine au Cavalier qui vient de m'attaquer, quoique ce foit un parti fort avantageux. Je fuis efclave de ma parole, & j'attens à tout

moment

moment le fils de Juan Vélez de la Menbrilla pour en faire mon gendre, bien que je ne l'aye jamais vû, non plus que son pere. Je vous demande pardon, continua Jérôme de Moyadas, si je vous fais toute cette narration; mais vous l'avez exigée de moi.

J'écoutai ce recit avec beaucoup d'attention, & m'arrêtant à une supercherie qui me vint tout-à-coup dans l'esprit, j'affectai un grand étonnement. Je levai même les yeux au Ciel. Ensuite je me tournai vers le vieillard & lui dis d'un ton pathétique : Ah! Seigneur de Moyadas, est-il possible qu'en arrivant à Merida, je sois assez heureux pour sauver la vie à mon beau-pere? Ces paroles causérent une étrange surprise au vieux bourgeois & n'étonnérent pas moins Moralés, qui me fit connoître par sa contenance que je lui paroissois un grand fripon. Que m'apprenez-vous, me répondit le vieillard? Quoi vous seriez le fils du correspondant de mon frere? Oüi, Seigneur Jérôme de Moyadas, lui repliquai je en payant d'audace & en lui jettant les bras au cou, je suis le fortuné mortel à qui l'adorable Florentine est destinée. Mais avant

avant que je vous témoigne la joye que
j'ai d'entrer dans votre famille , permettez que je répande dans votre fein
les larmes que renouvelle ici le fouvenir
de votre frere Auguftin. Je ferois le
plus ingrat de tous les hommes , fi je
n'étois vivement touché de la mort d'u-
ne perfonne à qui je dois le bonheur de
ma vie. En achevant ces mots, j'embraffai encore le bon Jérôme, & je paffai enfuite la main fur mes yeux comme
pour effuyer mes pleurs. Moralés qui
comprit tout-d'un-coup l'avantage que
nous pouvions tirer d'une pareille trom-
perie, ne manqua pas de me feconder.
Il voulut paffer pour mon valet , & il fe
mit à renchérir fur le regret que je mar-
quois de la mort du Seigneur Auguftin.
Monfieur Jérôme , s'écria-t'il , quelle
perte vous avez faite en perdant votre
frere : C'étoit un fi honnête homme !
le Phœnix du commerce, un Marchand
definterreffé, un Marchand de bonne foi,
un Marchand comme on n'en voit point.

Nous avions affaire à un homme fimple & crédule ; bien loin d'avoir quelque
foupçon de notre fourberie, il s'y prêta
de lui-même. Hé pourquoi , me dit-
il , n'êtes-vous pas venu tout droit chez
moi.

moi? Il ne falloit point aller loger dans une hôtellerie. Dans les termes où nous en fommes, on ne doit point faire de façons. Monfieur, lui dit Moralés en prenant la parole pour moi, mon maî-tre eft un peu cérémonieux. Ce n'eft pas, ajouta-t'il, qu'il ne foit excufable en quelque maniére de n'avoir pas voulu paroître devant vous en l'état où il eft. Nous avons été volez fur la route. On nous a pris toutes nos hardes. Ce gar-çon, interrompis-je, vous dit la verité, Seigneur de Moyadas. Ce malheur ne m'a point permis d'aller chez vous. Je n'ofois me prefenter fous cet habit aux yeux d'une maîtreffe qui ne m'a point encore vû, & j'attendois pour cela le retour d'un valet que j'ai envoyé à Ca-latrava. Cet accident, reprit le vieil-lard, ne devoit point vous empêcher de venir demeurer dans ma maifon, & je prétens que vous y preniez tout à l'heure un logement.

En parlant de cette forte, il m'em-mena chez lui; mais avant que d'y ar-river, nous nous entretinmes du pré-tendu vol qu'on m'avoit fait, & je té-moignai que mon plus grand chagrin étoit d'avoir perdu avec mes hardes le

por-

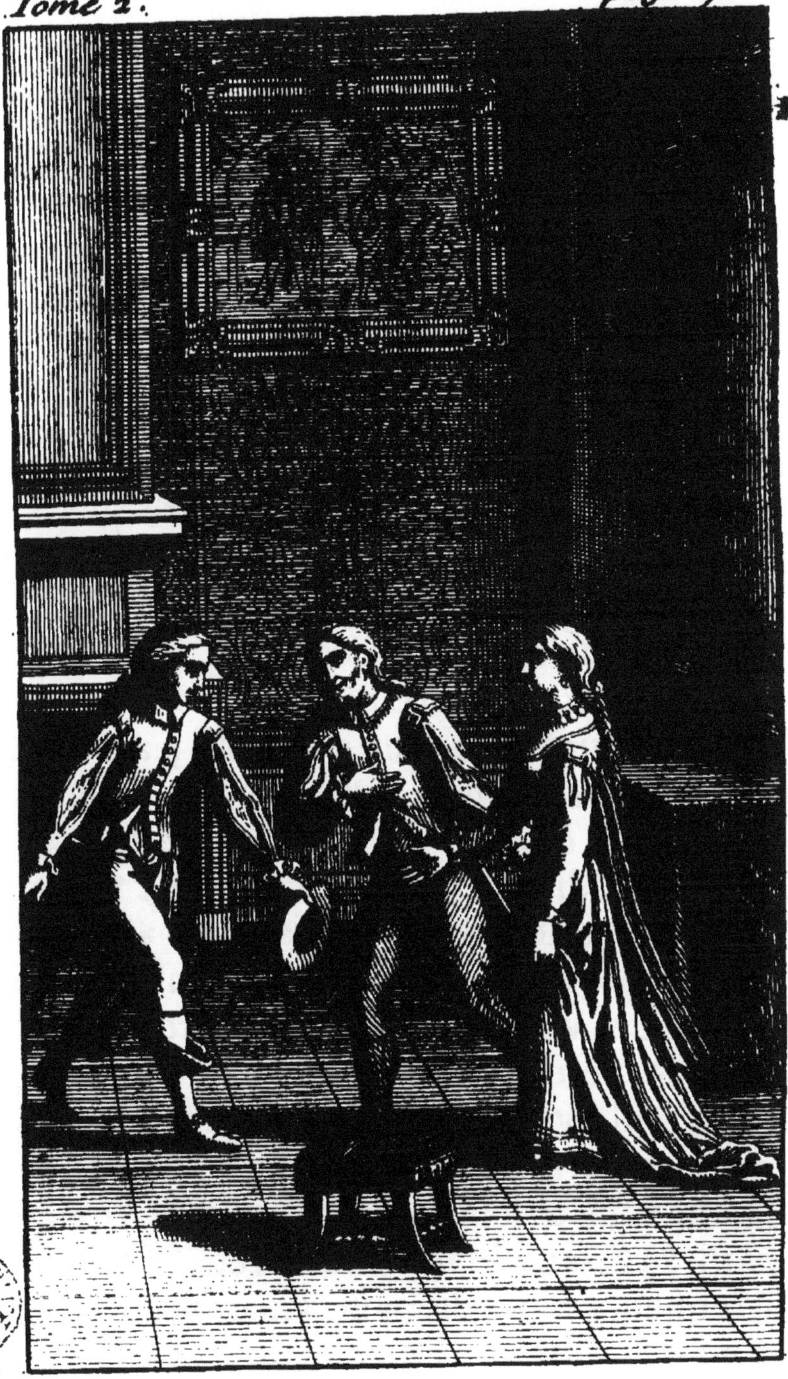

portrait de Florentine. Le Bourgeois là-
deſſus me dit en riant , qu'il falloit me
conſoler de cette perte , & que l'original
valoit mieux que la copie. En effet , dès
que nous fûmes dans ſa Maiſon , il apella ſa fille , qui n'avoit pas plus de ſeize
ans , & qui pouvoit paſſer pour une perſonne accomplie. Vous voyez , me dit-il,
l'objet que feu mon frere vous a promis.
Ah ! Seigneur , m'écriai-je d'un air paſſionné , il n'eſt pas beſoin de me dire que
c'eſt l'aimable Florentine, ces traits charmans ſont gravez dans ma mémoire , &
encore plus dans mon cœur. Si le portrait que j'ai perdu , & qui n'étoit qu'une
foible ébauche de tant d'attraits , a pû
m'embraſer de mille feux , jugez quels
tranſports doivent m'agiter en ce moment. Ce diſcours eſt trop flateur , me
dit Florentine , & je ne ſuis point aſſez
vaine pour m'imaginer que je le juſtifie.
Continuez vos complimens , interrompit
alors le pere ; en même-tems , il me
laiſſa ſeul avec ſa fille , & prenant Moralés en articulier : Mon ami, lui dit-
il , on vous a donc emporté toutes vos
hardes , & ſans doute votre argent ? Oüi,
Monſieur , répondit mon camarade, une
nombreuſe troupe de bandits eſt venuë

fondre fur nous auprès de Caftil-Blazo,
& ne nous a laiffé que les habits que
nous avons fur le corps ; mais nous re-
cévrons inceffamment des Lettres de
Change , & nous allons nous remettre
fur pied.

En attendant vos Lettres de Change,
repliqua le vieillard en tirant de fa poche
une bourfe , voici cent piftoles dont vous
pouvez difpofer. Oh, Monfieur, repartit
Moralés , mon Maître ne voudra point
les accepter ; vous ne le connoiffez pas,
Tudieu ! c'eft un homme fort délicat fur
cette matiére : ce n'eft point un de ces
enfans de famille qui font prêts à prendre de toutes mains ; il n'aime pas à s'en-
detter ; il demanderoit plûtôt l'aumône
que d'emprunter un maravédi. Tant
mieux , dit le Bourgeois , je l'en eftime
davantage ; je ne puis fouffrir que l'on
contracte des dettes , je pardonne cela
aux perfonnes de qualité , parce que c'eft
une chofe dont ils font en poffeffion. Je
ne veux pas , continua-t'il , contraindre
ton Maître ; & fi c'eft lui faire de la peine , que de lui offrir de l'argent , il n'en
faut plus parler. En difant ces paroles , il
voulut remettre la bourfe dans fa poche ,
mais mon Compagnon lui retint le bras :

Attendez,

Attendez , Seigneur de Moyadas , lui
dit-il, quelque averſion que mon Maître
ait pour les emprunts ; je ne deſeſpére
pas de lui faire agréer vos cent piſtoles ;
ce n'eſt que des étrangers qu'il n'aime
point à emprunter ; il n'eſt pas ſi façon-
nier avec ſa famille , il demande même
fort bien à ſon pere tout l'argent dont il
a beſoin. Ce garçon, comme vous voyez,
ſçait diſtinguer les perſonnes , & il doit
vous regarder , Monſieur, comme un ſe-
cond pere.

Moralés par de ſemblables diſcours
s'empara de la bourſe du vieillard , qui
vint nous rejoindre , & qui nous trouva
ſa fille & moi engagez dans les complimens ; il rompit notre entretien ; il apprit à Florentine l'obligation qu'il m'a-
voit , & ſur cela il me tint des propos
qui me firent connoître combien il en
avoit de reſſentiment. Je profitai d'une
ſi favorable diſpoſition ; je dis au Bourgeois, que la plus touchante marque de
reconnoiſſance qu'il pût me donner ,
étoit de hâter mon mariage avec ſa fille.
Il céda de bonne grace à mon impatience ; il m'aſſura que dans trois jours, au
plus tard , je ſerois l'époux de Florentine , & qu'au lieu de ſix mille ducats

R 2   qu'il

qu'il avoit promis pour fa dot, il en donneroit dix mille, pour me témoigner jufqu'à quel point il étoit pénétré du fervice que je lui avois rendu.

Nous étions donc Moralés & moi chez
le bon homme Jérôme de Moyadas bien
traitez, & dans l'agréable attente de toucher dix mille ducats, avec quoi nous
nous propofons de partir promptement
de Mérida. Une crainte pourtant trou-
bloit notre joïe, nous apréhendions
qu'avant trois jours le véritable fils de
Juan Vélez de la Menbrilla ne vint tra-
verfer notre bonheur. Cette crainte n'é-
toit pas mal fondée ; dès le lendemain,
une efpéce de Païfan chargé d'une valife, arriva chez le pere de Florentine ; je
ne m'y trouvai point alors, mais mon
camarade y étoit. Seigneur, dit le Païf-
fan au vieillard, j'apartiens au Cavalier
de Calatrava, qui doit être votre gendre,
au Seigneur Pédro de la Menbrilla. Nous
venons tous deux d'arriver ; il fera ici
dans un inftant ; j'ai pris les devants pour
vous en avertir. A peine eut-il achevé
ces mots, que fon Maître parut ; ce qui
furprit fort le vieillard, & déconcerta un
peu Moralés.

Le jeune Pédro étoit un garçon des
mieux

mieux faits; il adreſſa la parole au pere de
Florentine , mais le bon homme ne lui
donna pas le tems de finir ſon diſcours ,
& ſe tournant vers mon compagnon, il
lui demanda ce que cela ſignifioit. Alors
Moralés qui ne cédoit en effronterie à
perſonne du monde , prit un air d'aſſurance, & dit au vieillard : Monſieur, ces
deux hommes que vous voyez ſont de
la troupe des voleurs qui nous ont dé-
trouſſez ſur le grand chemin ; je les reconnois , & particuliérement celui qui
a l'audace de ſe dire fils du Seigneur
Juan Vélez de la Menbrilla. Le vieux
Bourgeois crût Moralés ; & perſuadé
que les nouveaux venus étoient des fripons, il leur dit : Meſſieurs , vous arrivez trop tard ; on vous a prévenus ;
Pédro de la Menbrilla eſt chez moi depuis hier. Prenez garde à ce que vous
dites , lui répondit le jeune homme de
Calatrava ; vous avez dans votre Maiſon un impoſteur, ſçachez que Juan Vélez de la Menbrilla n'a point d'autre fils
que moi. A d'autres, repliqua le vieillard , je n'ignore pas qui vous êtes ; ne
remettez - vous pas ce garçon , & ne
vous reſſouvenez-vous plus de ſon Maître que vous avez volé ? Si je n'étois

R 3   pas

pas chez vous, repartit Pédro, je puni-
rois l'infolence de ce fourbe qui m'ofe
traiter de voleur ; qu'il rende graces à
votre prefence, qui retient ma colére.
Seigneur, pourfuivit-il, on vous trompe;
je fuis le jeune homme à qui votre frere
Auguftin a promis votre fille : Voulez-
vous que je vous montre toutes les Lettres qu'il a écrites à mon pere au fujet
de ce mariage ? En croiriez-vous le portrait de Florentine, qu'il m'envoya quelque-tems avant fa mort ?

Non, interrompit le vieux Bourgeois, le Portrait ne me perfuadera pas
plus que les Lettres ; je fçai bien de
quelle maniére il eft tombé entre vos
mains, & je vous confeille charitablement de fortir au plûtôt de Mérida.
C'en eft trop, interrompit à fon tour
le jeune Cavalier, je ne fouffrirai point
qu'on me vole impunément mon nom,
ni qu'on me faffe paffer pour un bri-
gand ; je connois quelques perfonnes
dans cette Ville, je vais les chercher, &
je reviendrai confondre l'impofture qui
vous prévient contre moi. A ces mots,
il fe retira fuivi de fon Valet, & Moralés demeura triomphant. Cette avanture même fut caufe que Jérôme de
Moyadas

Moyadas réfolut de faire le mariage ce
jour-là ; il fortit , & alla fur le champ
donner les ordres néceffaires pour cet
effet.

Quoique mon camarade fut bien-aife
de voir le pere de Florentine dans des
difpofitions fi favorables pour nous , il
n'étoit pas fans inquiétude , il craignoit
la fuite des démarches qu'il jugeoit bien
que Pédro ne manqueroit pas de faire ,
& il m'attendoit avec impatience pour
m'informer de ce qui fe paffoit. Je le
trouvai plongé dans une profonde reve-
rie. Qu'y a-t'il , mon ami , lui dis-je , tu
me parois bien occupé ? Ce n'eft pas fans
raifon, me répondit-il. En meme-tems il
me mit au fait. Tu vois , ajouta-t'il enfuite, fi j'ai tort de rêver ; c'eft toi, téméraire , qui nous jette dans cet embarras ; l'entreprife , je l'avouë , étoit
brillante, & t'auroit comblé de gloire,
fi elle eût réüffi : mais, felon toutes les
aparences , elle finira mal , & je ferois
d'avis , pour prévenir les éclairciffe-
mens , que nous priffions la fuite avec
la plume que nous avons tirée de l'aîle
du bon homme.

Monfieur Moralés , repris-je à ce
difcours, vous cédez bien promptement.

aux

aux difficultez. Vous ne faites guére
d'honneur à Don Mathias de Cordel, ni
aux autres Cavaliers avec qui vous avez
demeuré à Toléde ; quand on a fait son
aprentissage sous de si grands Maîtres,
on ne doit pas si facilement s'allarmer.
Pour moi, qui veux marcher sur les traces de ces Héros, & prouver que j'en
suis un digne éleve, je me roidis contre l'obstacle qui vous épouvente, & je
me fais fort de le lever. Si vous en venez à bout, me dit mon compagnon, je
vous mettrai au-dessus de tous les grands
hommes de Plutarque.

Comme Moralés achevoit de parler,
Jérôme de Moyadas entra : vous serez,
me dit-il, mon Gendre dès ce soir ; votre
Valet, ajouta-t'il, doit vous avoir conté
ce qui vient d'arriver. Que dites-vous de
l'éfronterie du fripon qui m'a voulu persuader qu'il étoit fils du correspondant
de mon frere ? Seigneur, lui répondis-
je tristement, & de l'air le plus ingénu
qu'il me fut possible d'affecter, je sens
que je ne suis pas né pour soutenir une
trahison ; il faut vous faire un aveu sin-
cére, je ne suis point fils de Juan Vélez
de la Menbrilla. Qu'entens-je, interrompit le vieillard avec autant de précipitation

pitation que de furprife ? Hé , quoi vous
n'étes pas le jeune homme à qui mon
frere . . . . . De grace , Seigneur , interrompis-je auffi , daignez m'écouter jufqu'au bout ; il y a huit jours que j'aime votre fille , & que l'amour m'arrête
à Mérida. Hier , après vous avoir fe-
couru , je me préparois à vous la demander en mariage ; mais vous me fer-
mâtes la bouche , en m'aprenant que
vous la deftiniez à un autre. Vous me
dites que votre frere en mourant vous
conjura de la donner à Pédro de la Menbrilla , que vous le lui promîtes , &
qu'enfin vous étiez efclave de votre parole. Ce difcours , je l'avouë , m'accabla , & mon amour réduit au defefpoir
m'infpira le ftratagême dont je me fuis
fervi. Je vous dirai pourtant que je me
fuis fecrettement reproché la fupercherie que je vous ai faite ; mais j'ai crû
que vous me la pardonneriez , quand
je vous la découvrirois, & quand vous
fçauriez que je fuis un Prince Italien
qui voyage *incognito*. Mon pere eft Souverain de certaines valées qui font entre
les Suiffes , le Milanois & la Savoye. Je
m'imaginois que vous feriez agréablement furpris , lorfque je vous révélerois
ma

ma naiſſance , & je me faiſois un plaiſir d'époux délicat , & charmé de la déclarer à Florentine , après l'avoir épouſée. Le Ciel, pourſuivis-je en changeant de ton , n'a pas voulu permettre que j'euſſe tant de joïe ; Pédro de la Menbrilla paroît , il faut lui reſtituer ſon nom , quelque choſe qu'il m'en coûte à le lui rendre ; votre promeſſe vous engage à le choiſir pour votre Gendre , vous devez me le préférer , ſans avoir égard à mon rang , ſans avoir pitié de la ſituation cruelle où vous m'allez réduire. Je ne vous repreſenterai point que votre frere n'étoit que l'oncle de votre fille , que vous en êtes le pere , & qu'il eſt plus juſte de vous acquiter envers moi de l'obligation que vous m'avez , que de vous piquer de l'honneur de tenir une parole qui ne vous lie que foiblement.

Oüi , ſans doute , cela eſt bien plus juſte, s'écria Jérôme de Moyadas ; auſſi je ne prétens point balancer entre vous & Pédro de la Menbrilla. Si mon frere Auguſtin vivoit encore , il ne trouveroit pas mauvais que je donnaſſe la préférence à un homme qui m'a ſauvé la vie , & qui plus eſt à un Prince qui ne dédaigne

gne pas de rechercher mon alliance ; il
faudroit que je fuſſe ennemi de mon bonheur , & que j'euſſe entiérement perdu l'eſprit , ſi je ne vous donnois ma
fille , & ſi je ne preſſois pas même ce
mariage. Cependant , Seigneur , repris-
je , ne faites rien par impétuoſité ; ne
conſultez que vos ſeuls intéréts , & malgré la nobleſſe de mon ſang .... Vous
vous moquez de moi , interrompit - il ,
dois-je héſiter un moment ? Non , mon
Prince , & je vous ſuplie de vouloir
bien dès ce ſoir honorer de votre main
l'heureuſe Florentine. Hé bien , lui dis-
je , ſoit ; allez vous - même lui porter
cette nouvelle , & l'inſtruire de ſon deſ-
tin glorieux.

Tandis que le bon Bourgeois s'empreſſoit d'aller dire à ſa fille qu'elle avoit
fait la conquête d'un Prince , Moralés
qui avoit entendu toute la converſation ,
ſe mit à genoux devant moi , & me dit.
Monſieur le Prince Italien , fils du Souverain des Vallées qui ſont entre les
Suiſſes , le Milanois & la Savoye , ſouf-
frez que je me jette aux pieds de votre
Alteſſe , pour lui témoigner le raviſſe-
ment où je ſuis. Foi de fripon , je vous regarde comme un prodige ; je me croyois
le

le premier homme du monde ; mais franchement je mets pavillon bas devant vous, quoique vous ayez moins d'expérience que moi. Tu n'as plus, lui dis-je, d'inquiétude ? Oh, pour cela non, répondit-il, je ne crains plus le Seigneur Pédro; qu'il vienne preſentement ici tant qu'il lui plaira ; nous voilà, Moralés & moi, fermes ſur nos étriers. Nous commençâmes à régler la route que nous prendrions avec la dot ſur laquelle nous comptions ſi bien, que ſi nous l'euſſions déja touchée, nous n'aurions pas cru être plus ſûrs de l'avoir. Nous ne la tenions pas toutefois encore ; & le dénouëment de l'avanture ne répondit pas à notre confiance.

Nous vîmes bien-tôt revenir le jeune homme de Calatrava ; il étoit accompagné de deux Bourgeois & d'un Alguazil, auſſi reſpectable par ſa mouſtache, & ſa mine brune, que par ſa Charge. Le pere de Florentine étoit avec nous. Seigneur de Moyadas, lui dit Pédro, voici trois honnétes gens que je vous améne, ils me connoiſſent, & peuvent vous dire qui je ſuis. Oüi, certes, s'écria l'Alguazil, je puis le dire ; je le certifie à tous ceux qu'il apartiendra, je vous connois ; vous

vous

vous apellez Pédro , & vous êtes fils
unique de Juan Vélez de la Menbrilla ;
quiconque ose soutenir le contraire est
un imposteur. Je vous crois, Monsieur
l'Alguazil , dit alors le bon homme Jérôme de Moyadas , votre témoignage
est sacré pour moi , aussi-bien que celui
des Seigneurs Marchands qui sont avec
vous ; je suis pleinement convaincu que
le jeune Cavalier qui vous a conduit ici
est le fils unique du correspondant de
mon frere ; mais que m'importe, je ne
suis plus dans la résolution de lui donner ma fille.

Oh , c'est une autre affaire, dit l'Alguazil , je ne viens dans votre Maison
que pour vous assurer que ce jeune homme m'est connu : Vous êtes Maître de
votre fille , & l'on ne sçauroit vous contraindre à la marier malgré vous. Je ne
prétends pas non plus, interrompit Pédro , faire violence aux volontez du Seigneur de Moyadas ; mais il me permettra de lui demander pourquoi il a changé de sentiment : A-t'il quelque sujet
de se plaindre de moi ? Ah ! du moins
qu'en perdant la douce espérance d'ê-
tre son Gendre , j'aprenne que je ne
l'ai point perduë par ma faute. Je ne me
plains

plains pas de vous, répondit le vieillard, je vous le dirai même, c'est à regret que je me vois dans la nécessité de vous manquer de parole, & je vous conjure de me le pardonner ; je suis persuadé que vous êtes trop généreux pour me sçavoir mauvais gré de vous préférer un Rival qui m'a sauvé la vie. Vous le voyez, poursuivit-il en me montrant, c'est ce Seigneur qui m'a tiré d'un grand péril, & pour m'excuser encore mieux auprès de vous, je vous aprends que c'est un Prince Italien.

A ces derniéres paroles, Pédro demeura muets & confus, les deux Marchands ouvrirent de grands yeux & parurent fort surpris ; mais l'Alguazil accoutumé à regarder les choses du mauvais côté, soupçonna cette merveilleuse avanture d'être une fourberie, où il y avoit à gagner pour lui. Il m'envisagea fort attentivement ; & comme mes traits qui lui étoient inconnus, mettoient en défaut sa bonne volonté, il examina mon camarade avec la même attention ; malheureusement pour mon Altesse, il reconnut Moralés, & se ressouvenant de l'avoir vû dans les Prisons de Cindad-Réal : Ah ! ah ! s'écria-t'il, voici une

une de mes pratiques ; je remets ce
Gentilhomme , & je vous le donne pour
un des plus parfaits fripons qui foient
dans les Royaumes & Principautez d'Efpagne. Allons bride en main , Monfieur
l'Alguazil, dit Jérôme de Moyadas , ce
garçon dont vous nous faites un fi mauvais portrait eft un domeftique du Prince. Fort bien , repartit l'Alguazil , je
n'en veux pas davantage pour fçavoir à
quoi m'en tenir ; je juge du Maître par
le Valet ; je ne doute point que ces galans ne foient deux fourbes qui s'accordent pour vous tromper ; je me connois
en pareil gibier, & pour vous faire voir
que ces drôles font des Avanturiers , je
vais les mener en Prifon tout à l'heure.
Je prétends leur ménager un tête à tête
avec Monfieur le Corrégidor ; après
quoi , ils fentiront que tous les coups
de foüet n'ont point encore été donnez.
Halte-là, Monfieur l'Officier , reprit le
vieillard , ne pouffons pas l'affaire fi
loin ; vous ne craignez pas vous autres
de faire de la peine à un honnête homme. Ce Valet ne fçauroit-il être un fourbe , fans que fon Maître le foit ? Eft-il
nouveau de voir des fripons au fervice
des Princes ? Vous moquez-vous avec
vos

vos Princes , interrompit l'Alguazil ?
ce jeune homme eft un intriguant , fur
ma parole , & je l'arrête , *de par le
Roi* , de même que fon camarade ;
j'ai vingt Archers à la porte , qui les
traîneront à la Prifon , s'ils ne s'y laif-
fent pas conduire de bonne grace ; allons , mon Prince , me dit-il enfuite ,
marchons.

Je fus étourdi de ces paroles , ainfi
que Moralés , & notre trouble nous
rendit fufpects à Jérôme de Moyadas ,
ou plûtôt nous perdit dans fon efprit ;
il jugea bien que nous l'avions voulu
tromper. Il prit pourtant dans cette occafion le parti que devoit prendre un
galant homme : Monfieur l'Officier.,
dit-il à l'Alguazil, vos foupçons peuvent
être faux ; peut-être auffi ne font-ils
que trop véritables : quoiqu'il en foit,
n'aprofondiffons point cela ; que ces
deux jeunes Cavaliers fortent & fe re-
tirent où bon leur femblera , ne vous
opofez point , je vous prie , à leur retraite ; c'eft une grace que je vous demande pour m'acquiter envers eux de
l'obligation que je leur ai. Si je faifois
ce que je dois, répondit l'Alguazil, j'em-
prifonnerois ces Meffieurs , fans avoir
égard

égard à vos priéres ; mais je veux bien
relâcher de mon devoir pour l'amour de
vous , à condition que dès ce moment ils
sortiront de cette Ville , car si je les rencontre demain , vive Dieu , ils verront
ce qui leur arrivera.

Lorsque nous entendîmes dire , Moralés & moi, qu'on nous laissoit libres ,
nous nous remîmes un peu. Nous voulûmes parler avec fermeté , & soutenir
que nous étions des personnes d'honneur ; mais l'Alguazil nous regardá de
travers , & nous imposa silence ; je ne
sçai pourquoi ces gens-là ont un ascen-
dant sur nous. Il fallut donc abandonner Florentine & la dot à Pédro de la
Menbrilla , qui sans doute devint Gendre de Jérôme de Moyadas. Je me retirai avec mon camarade , nous prîmes
le chemin de Truxillo , avec la consolation d'avoir du moins gagné cent pistoles à cette avanture. Une heure avant la
nuit , nous passâmes par un petit Village , résolus d'aller coucher plus loin.
Nous aperçûmes une Hôtellerie d'assez
belle aparence pour ce lieu-là ; l'Hôte &
l'Hôtesse étoient à la porte assis sur de
longues pierres. L'Hôte grand homme
sec, & déja suranné, racloit une mauvaise

Tome II.　　　　S　　　　guitarre

guittare pour divertir sa femme , qui paroissoit l'écouter avec plaisir. Messieurs , nous cria l'Hôte lorsqu'il vid que nous ne nous arrêtions point , je vous conseille de faire halte en cet endroit ; il y a trois mortelles lieuës d'ici au premier Village que vous trouverez, & vous n'y serez pas si bien que dans celui-ci , je vous en avertis ; croyez-moi, entrez dans ma Maison, je vous y ferai bonne chére & à juste prix. Nous nous laissâmes persuader ; nous nous aprochâmes de l'Hôte & de l'Hôtesse ; nous les saluâmes , & nous étant assis auprès d'eux , nous commençâmes à nous entretenir tous quatre de choses indifférentes ; l'Hôte se disoit Officier de la sainte Hermandad, & l'Hôtesse étoit une grosse réjoüie qui avoit l'air de sçavoir bien vendre ses denrées.

Notre conversation fût interrompuë par l'arrivée de douze à quinze Cavaliers montez les uns sur des mules , les autres sur des chevaux , & suivis d'une trentaine de mulets chargez de balots. Ah ! que de Princes, s'écria l'Hôte à la vûë de tant de monde ! où pourrai-je les loger tous ? Dans un instant le Village se trouva rempli d'hommes & d'a-
aimaux.

nimaux. Il y avoit par bonheur auprès de l'Hôtellerie une vaste Grange où l'on mit les mulets & les balots. Les mules & les chevaux des Cavaliers furent placez dans d'autres endroits. Pour les hommes , ils songérent moins à chercher des lits , qu'à se faire apréter un bon repas. L'Hôte , l'Hôtesse & une jeune servante qu'ils avoient ne s'y épargnérent point ; ils firent main basse sur toute la volaille de la bassecourt ; cela joint à quelques civez de lapins & de matoux, & à une copieuse soupe aux choux faite avec du mouton , il y en eut pour tout l'équipage.

Nous regardions Moralés & moi ces Cavaliers , qui de tems en tems nous envisageoient aussi ; enfin nous liâmes conversation , & nous leur dîmes que s'ils le vouloient bien nous souperions avec eux ; ils nous témoignérent que cela leur feroit plaisir. Nous voilà donc tous à table ensemble ; il y en avoit un parmi eux qui ordonnoit , & pour qui les autres, quoique d'ailleurs ils en usassent assez familiérement avec lui ,. ne laissoient pas de marquer des déférences ; il est vrai que celui-là tenoit le haut bout ; il parloit d'un ton de voix élevé ;

il

il contrarioit même quelquefois d'un air
cavalier le fentiment des autres, qui bien
loin de lui rendre la pareille, fembloient
refpecter fes opinions. L'entretien tomba par hazard fur l'Andaloufie, & comme Moralés s'avifa de loüer Séville,
l'homme dont je viens de parler lui dit:
Seigneur Cavalier, vous faites l'éloge de
la Ville où j'ai pris naiffance, ou du
moins je fuis né aux environs, puifque
le Bourg de Mayréna m'a vû naître.
Je vous dirai la même chofe, lui répondit mon compagnon; je fuis auffi de
Mayréna, & il n'eft pas poffible que je
ne connoiffe point vos parens. De qui
êtes-vous fils ? D'un honnête Notaire,
repartit le Cavalier, de Martin Moralés. Par ma foi, s'écria mon camarade
avec émotion, l'avanture eft fort fingu-
liére ! vous êtes donc mon frere aîné
Manuël Moralés ? Juftement, dit l'autre, & vous êtes aparemment, vous,
mon petit frere Luis, que je laiffai au
berceau, quand j'abandonnai la Maifon
paternelle ? Vous m'avez nommé, répondit mon camarade. A ces mots, ils
fe levérent de table tous deux, & s'em-
brafférent à plufieurs reprifes; enfuite
le Seigneur Manuël dit à la compagnie:
Meffieurs,

Meffieurs, cet événement eft tout-à-fait merveilleux ! Le hazard veut que je rencontre & reconnoiffe un frere que je n'ai point vû depuis plus de vingt années ; permettez que je vous le pre-fente. Alors tous les Cavaliers, qui par bienféance fe tenoient debout, faluérent le cadet Moralés, & l'accablérent d'em-braffades. Après cela, on fe remit à ta-ble, & l'on y demeura toute la nuit ; on ne fe coucha point ; les deux freres s'affirent l'un auprès de l'autre, & s'en-tretinrent tout bas de leur famille, pen-dant que les autres convives bûvoient & fe réjoüiffoient.

Luis eut une longue converfation avec Manuël, & me prenant enfuite en par-ticulier, il me dit : Tous ces Cavaliers font des domeftiques du Comte de Mon-tanos, que le Roi a nommé depuis peu à la Viceroyauté de Mayorque ; ils con-duifent l'équipage du Viceroy à Alican-te, où ils doivent s'embarquer. Mon frere, qui eft devenu Intendant de ce Seigneur, m'a propofé de m'emmener avec lui, & fur la répugnance que je lui ai témoigné que j'avois à vous quit-ter, & il m'a dit que fi vous voulez être du voyage, il vous fera donner un bon emploi,

emploi. Cher ami, pourſuivit-il, je te conſeille de ne pas dédaigner ce parti; allons enſemble à l'Iſle de Mayorque, ſi nous y avons de l'agrément, nous y demeurerons, & ſi nous ne nous y plaiſons point, nous reviendrons en Eſpagne.

J'acceptai volontiers la propoſition; Nous nous joignîmes le jeune Moralés & moi aux Officiers du Comte, & nous partîmes avec eux de l'Hôtellerie avant le lever de l'aurore. Nous nous rendîmes à grandes journées à la ville d'Alicante, où j'achetai une guittare, & me fis faire un habit fort propre avant l'embarquement. Je ne penſois à rien qu'à l'Iſle de Mayorque, & Luis Moralés étoit dans la même diſpoſition; il ſembloit que nous euſſions renoncé aux friponneries, il faut dire la vérité, nous voulions paſſer pour honnêtes gens parmi les Cavaliers avec qui nous étions, & cela tenoit nos génies en reſpect. Enfin, nous nous embarquâmes gayement, & nous nous flations d'être bien-tôt à Mayorque; mais à peine fumes nous hors du Golfe d'Alicante, qu'il ſurvint une bouraſque effroyable. J'aurois dans cet endroit de mon recit une occaſion de vous faire

faire une belle defcription de tempête,
de peindre l'air tout en feu, de faire
gronder la foudre, fifler les vents, fou-
lever les flots, & cætera. Mais laiffant
à part toutes ces fleurs de Réthorique,
je vous dirai que l'orage fut violent &
nous obligea de relâcher à la pointe de
l'Ifle de la Cabréra. C'eft une Ifle de-
ferte où il y a un petit Fort, qui étoit
alors gardé par cinq ou fix Soldats & un
Officier, qui nous reçût fort honnêtement.

Comme il nous falloit paffer-là plufieurs jours à raccommoder nos voiles
& nos cordages, nous cherchâmes di-
verfes fortes d'amufemens pour éviter
l'ennui; chacun fuivoit fes inclinations;
les uns joûoient à la prime, les autres
s'amufoient autrement, & moi j'allois
me promener dans l'Ifle avec ceux de
nos Cavaliers qui aimoient la promenade; nous fautions de rocher en rocher, car le terrein eft inégal, plein de
pierres par-tout, & l'on y voit fort peu
de terre. Un jour, tandis que nous confidérions ces lieux fecs & arides, & que
nous admirions le caprice de la nature
qui fe montre féconde & ftérile quand
il lui plaît, notre odorat fut faifi tout
à

à coup d'une senteur agréable. Nous nous tournâmes aussi-tôt du côté de l'Orient, d'où venoit cette odeur, & nous aperçûmes avec étonnement entre des rochers un grand rond de verdure de chevrefeüilles plus beaux & plus odorans que ceux même qui croissent dans l'Andaloufie. Nous nous aprochâmes volontiers de ces arbrisseaux charmans qui parfumoient l'air aux environs, & il se trouva qu'ils bordoient l'entrée d'une Caverne très-profonde. Cette Caverne étoit large, peu sombre, & nous descendîmes au fond en tournant par des degrez de pierres dont les extrêmitez étoient parées de fleurs, & qui formoient naturellement un escalier en limaçon. Lorsque nous fûmes en bas, nous vîmes serpenter sur un sable plus jaune que l'or plusieurs petits ruisseaux qui tiroient leurs sources des goutes d'eau que les rochers distiloient sans cesse en dedans, & qui se perdoient sous la terre. L'eau nous parut si belle que nous en voulûmes boire, & elle étoit si fraîche, que nous résolûmes de revenir le jour suivant dans cet endroit & d'y aporter quelques bouteilles de vin, persuadez qu'on ne les boiroit point-là sans plaisir.

Nous

Nous ne quittâmes qu'à regret un lieu
fi agréable , & lorfque nous fûmes de
retour au Fort , nous ne manquâmes pas
de vanter à nos camarades une fi belle
découverte; mais le Commandant de la
Forterefle nous dit qu'il nous'avertiffoit
en ami de ne plus aller à la Caverne dont
nous étions fi charmez. Hé pourquoi
cela , lui dis-je , y a-t'il quelque chofe
à craindre ? Sans doute, me répondit-il.
Les Corfaires d'Alger & de Tripoli def-
cendent quelquefois dans cette Ifle , &
viennent faire provifion d'eau à cette
fontaine ; ils y furprirent un jour deux
Soldats de ma garnifon qu'ils firent efclaves. L'Officier eut beau parler d'un air
très-férieux , il ne put nous perfuader ;
nous crûmes qu'il plaifantoit , & dès le
lendemain, je retournai à la Caverne avec
trois Cavaliers de l'équipage ; nous y
allâmes même fans armes à feu , pour
faire voir que nous n'apréhendions rien.
Le jeune Moralés ne voulut point être
de la partie ; il aima mieux, auffi-bien que
fon frere , demeurer à joüer dans le Fort.

Nous defcendîmes au fond de l'antre
comme le jour précédent , & nous fimes
rafraîchir dans les ruiffeaux quelques
bouteilles de vin que nous avions apor-

Tome II. T tées.

tées. Pendant que nous les bûvions dé-
licieusement, en joüant de la guitarre,
& en nous entretenant avec gayeté,
nous vîmes paroître au haut de la Caverne plusieurs hommes qui avoient des
moustaches épaisses, des turbans & des
habits à la Turque. Nous nous imagi-
nâmes que c'étoit une partie de l'équipage, & le Commandant du Fort qui s'é-
toient ainsi déguisez pour nous faire
peur. Prévenus de cette pensée, nous
nous mîmes à rire, & nous en laissâmes
descendre jusqu'à dix sans songer à notre
défense. Nous fûmes bien-tôt tristement desabusez, & nous connûmes que
c'étoit un Corsaire qui venoit avec ses
gens nous enlever : *Rendez-vous chiens*,
nous cria-t'il en langue Castillane, *ou
bien vous allez tous mourir*. En même-
tems, les hommes qui l'accompagnoient
nous couchérent en joüe avec des cara-
bines qu'ils portoient, & nous aurions
essuyé une belle décharge, si nous eus-
sions fait la moindre résistance. Nous
préférâmes l'esclavage à la mort ; nous
donnâmes nos épées au Pirate ; il nous
fit charger de chaînes & conduire à son
Vaisseau qui n'étoit pas loin de-là ; puis
mettant à la voile, il cingla vers Alger.

C'est

C'eſt de cette maniére que nous fûmes punis d'avoir négligé l'avertiſſe-
ment de l'Officier de la Garniſon. La
premiére choſe que fit le Corſaire, fut de
nous foüiller & de prendre ce que nous
avions d'argent : la bonne aubeine pour
lui ! les deux cens piſtoles des Bourgeois
de Placentia, les cent que Moralés avoit
reçûës de Jérôme de Moyadas, & dont
par malheur j'étois chargé, tout cela
me fut raflé ſans miſéricorde. Mes compagnons avoient auſſi la bourſe bien garnie ; enfin c'étoit un excellent coup de
filet. Le Pirate en paroiſſoit tout réjoüi,
& le bourreau ne ſe contentoit pas de
nous enlever nos eſpéces, il nous inſul-
toit par des railleries que nous ſentions
beaucoup moins que la néceſſité de les
ſouffrir. Aprés mille plaiſanteries, il ſe
fit aporter les bouteilles de vin que nous
avions fait rafraîchir à la fontaine & que
ſes gens avoient eu ſoin de prendre ; il
ſe mit à les vuider avec eux, & à boire
à notre ſanté par dériſion.

Pendant ce tems-là mes camarades
avoient une contenance qui rendoit témoignage de ce qui ſe paſſoit en eux ; ils
étoient d'autant plus mortifiez de leur
eſclavage, qu'ils s'étoient fait une idée

T 2 plus

plus douce d'aller dans l'Ifle de Mayorque où ils avoient compté qu'ils méneroient une vie délicieufe. Pour moi, j'eus la fermeté de prendre mon parti, & moins confterné que les autres, je liai converfation avec le railleur ; j'entrai même de bonne grace dans fes plaifanteries, ce qui lui plût. Jeune homme, me dit-il, j'aime le caractére de ton efprit, & dans le fonds, au lieu de gémir & de foupirer, il vaut mieux s'armer de patience & s'accommoder au tems. Jouë-nous un petit air, continuat'il en voyant que je portois une guitarre, voyons ce que tu fçais faire. Je lui obéïs dès qu'il m'eut fait délier les bras, & je commençai à racler ma guitarre d'une maniére qui m'attira fes aplaudiffemens : il eft vrai que j'avois apris du meilleur Maître de Madrid, & que je joüois de cet inftrument affez bien ; je chantai auffi, & l'on ne fut pas moins fatisfait de ma voix. Tous les Turcs qui étoient dans le Vaiffeau témoignérent par des geftes admiratifs le plaifir qu'ils avoient eu à m'entendre ; ce qui me fit juger qu'en matiére de mufique ils n'avoient pas le goût fort délicat. Le Pirate me dit à l'oreille que je ne ferois pas un efcla-

ve

ve malheureux, & qu'avec mes talens je pouvois compter fur un emploi qui rendroit ma captivité trés-fuportable.

Je fentis quelque joye à ces paroles, mais toutes flateufes qu'elles étoient, je ne laiffois pas d'avoir de l'inquiétude fur l'occupation dont le Corfaire me faifoit fête. Quand nous arrivâmes au port d'Alger, nous vîmes un grand nombre de perfonnes affemblées pour nous recevoir, & nous n'avions point encore débarqué, qu'ils pouffèrent mille cris de joye; ajoûtez à cela que l'air retentiffoit du fon confus des trompettes, des flutes morefques & d'autres inftrumens dont on fe fert en ce païs-là, ce qui formoit une fymphonie plus bruyante qu'agréable. La caufe de ces réjoüiffances venoit d'un faux bruit qui s'étoit répandu dans la Ville; on y avoit oüi dire que le Renégat Mehémet, ainfi fe nommoit notre Pirate; avoit péri en attaquant un gros Vaiffeau Génois; de forte que tous fes amis informez de fon retour, s'empreffoient de lui en témoigner leur joye.

Nous n'eûmes pas mis pied à terre, qu'on me conduifit avec tous mes compagnons au Palais du Bacha Soliman, où un Ecrivain Chrétien, nous interrogeant

T 3   chacun

chacun en particulier , nous demanda
nos noms , nos âges , notre patrie, notre Religion & nos talens. Alors Mehémet me montrant au Bacha , lui vanta
ma voix , & lui dit que je joüois de la
guitarre à ravir. Il n'en fallut pas davantage pour déterminer Soliman à me choifir pour fon fervice ; je demeurai donc
dans fon Sérail. Les autres Captifs furent menez dans un Place publique &
vendus fuivant la coûtume. Ce que Mé-
hémet m'avoit prédit dans le Vaiffeau
m'arriva ; j'éprouvai un heureux fort , je
ne fus point livré aux gardes des prifons ,
ni employé aux ouvrages pénibles. Soliman Bacha me fit mettre dans un lieu
particulier avec cinq ou fix efclaves de
qualité, qui devoient inceffamment être
rachetez , & à qui l'on ne donnoit que
de legers travaux ; on me chargea du
foin d'arrofer dans les Jardins les orangers & les fleurs ; je ne pouvois avoir
une plus douce occupation.

Soliman étoit un homme de quarante
ans, bien fait de fa perfonne , fort poli &
fort galant pour un Turc. Il avoit pour
favorite une Cachemirienne qui par fon
efprit & par fa beauté s'étoit acquis un
empire abfolu fur lui ; il l'aimoit jufqu'à

qu'à l'idolâtrie ; il la régaloit tous les
jours de quelque fête , tantôt d'un concert de voix & d'inſtrumens , & tantôt
d'une Comédie à la maniére des Turcs.
Ce qui ſupoſe des poëmes dramatiques
où la pudeur & la bienſéance n'étoient
pas plus reſpeſtées que les régles d'Arif-
tote. La favorite qui s'apelloit Farrukhnaz aimoit paſſionnément ces ſpeſtacles ;
elle faiſoit même quelquefois repreſenter par ſes femmes des piéces Arabes devant le Bacha ; elle y joüoit des rôles elle-
méme , & charmoit tous les ſpeſtateurs
par la grace & la vivacité qu'il y avoit
dans ſon aſtion. Un jour que j'étois parmi
les Muſiciens à une de ces repreſenta-
tions , Soliman m'ordonna de joüer de la
guitarre & de chanter tout ſeul dans un
entr'Aſte ; j'eus le bonheur de plaire , on
m'aplaudit , & la favorite , à ce qu'il me
parut , me regarda d'un œil favorable.

Le lendemain de ce jour-là , comme
j'arroſois des orangers dans les jardins ,
il paſſa près de moi un Eunuque, qui ſans
s'arrèter ni ne me rien dire , jetta un billet à mes pieds ; je le ramaſſai avec un
trouble mêlé de plaiſir & de crainte ; je
me couchai par terre , de peur d'être
aperçû des fenêtres du Sérail & me

T 4   cachant

cachant derriére des caiſſes d'orangers; j'ouvris ce billet, j'y trouvai un dia-mant d'un aſſez grand prix, & ces pa-roles en bon Caſtillan : *Jeune Chrétien, rends graces au Ciel de ta captivité ; l'a-mour & la fortune la rendront heureuſe : l'amour, ſi tu es ſenſible aux charmes d'u-ne belle perſonne, & la fortune, ſi tu as le courage de mépriſer toutes ſortes de périls.*

Je ne doutai pas un moment que la Lettre ne fut de la Sultane favorite ; le ſtile & le diamant me le perſuadérent. Outre que je ne ſuis pas naturellement timide, la vanité d'être bien avec la Maîtreſſe d'un grand Seigneur, & plus que cela l'eſpérance de tirer d'elle qua-tre fois plus d'argent qu'il ne m'en falloit pour ma rançon, me fit former le deſ-ſein d'éprouver cette avanture, quel-que danger qu'il y eût à courir. Je con-tinuai mon travail en rêvant aux moyens d'entrer dans l'apartement de Farrukh-naz, ou plûtôt en attendant qu'elle m'en ouvrit les chemins, car je jugeois bien qu'elle n'en demeureroit point-là, & qu'elle feroit plus de la moitié des frais. Je ne me trompois pas ; le mê-me Eunuque qui avoit paſſé près de moi,

moi, repaſſa une heure après & me dit :
Chrétien, as-tu fait tes réfléxions, &
auras-tu la hardieſſe de me ſuivre ? Je
répondis qu'oüi. Hé bien, reprit-il, le
Ciel te conſerve, tu me reverras demain dans la matinée ; en parlant de
cette ſorte, il ſe retira. Le jour ſuivant
je le vis en effet paroître ſur les huit
heures du matin ; il me fit ſigne d'aller
à lui, je le joignis, & il me conduiſit
dans une ſale où il y avoit un grand rou-
leau de toile qu'un autre Eunuque & lui
venoient d'aporter-là, & qu'ils devoient
porter chez la Sultane, pour ſervir à la
décoration d'une piéce Arabe, qu'elle
préparoit pour le Bacha.

Les deux Eunuques déroulérent la
toile, me firent mettre dedans tout de
mon long, puis au hazard de m'étouffer,
ils la roulérent de nouveau & m'enve-
lopérent dedans ; enſuite la prenant chacun par un bout, ils me portérent ainſi
impunément juſques dans la chambre où
couchoit la belle Cachemirienne ; elle
étoit ſeule avec une vieille Eſclave dé-
voüée à ſes volontez ; elles déroulérent
toutes deux la toile, & Farrukhnaz à
ma vûë fit éclater des tranſports de
joye qui découvroient bien le génie des
femmes.

femmes de fon païs. Tout hardi que j'étois naturellement, je ne pus me voir tout-à-coup tranfporté dans l'aparte- ment fecret des femmes, fans fentir un peu de frayeur. La Dame s'en aperçût bien, & pour diffiper ma crainte, jeune homme, me dit-elle, n'apréhende rien, Soliman vient de partir pour fa Maifon de Campagne ; il y fera toute la journée, nous pouvons nous entretenir ici libre- ment.

Ces paroles me raffurérent & me fi- rent prendre une contenance qui redou- bla la joye de la favorite. Vous m'avez plû, pourfuivit-elle, & je prétens adou- cir la rigueur de votre efclavage ; je vous crois digne des fentimens que j'ai conçûs pour vous ; quoique fous les habits d'un Efclave, vous avez un air noble & galant qui fait connoître que vous n'êtes point une perfonne du com- mun : Parlez-moi confidemment, di- tes-moi qui vous êtes ; je fçais bien que les Captifs qui ont de la naiffance dégui- fent leur condition pour être rachetez à meilleur marché. Mais vous êtes dif- penfé d'en ufer de la forte avec moi, & même ce feroit une précaution qui m'offenferoit, puifque je vous promets

votre

votre liberté ; foyez donc fincére , &
m'avoüez que vous êtes un jeune homme de bonne Maifon. Effeétivement,
Madame , lui répondis-je , il me fiéroit
mal de payer vos bontez de diffimula-
tion ; vous voulez abfolument que je
vous découvre ma qualité , il faut vous
fatisfaire : Je fuis fils d'un Grand d'Efpagne ; je difois peut-être la vérité, du
moins la Sultane le crut , & s'aplau-
diffant d'avoir jetté les yeux fur un Cavalier d'importance , elle m'affura qu'il
ne tiendroit pas à elle que nous ne nous
viffions fouvent en particulier. Nous
eûmes enfemble un fort long entretien ;
je n'ai jamais vû de femme plus amu-
fante ; elle fçavoit plufieurs langues &
fur-tout la Caftillane qu'elle parloit affez
bien. Lorfqu'elle jugea qu'il étoit tems
de nous féparer , je me mis par fon ordre dans une grande corbeille d'ozier,
couverte d'un ouvrage de foye , fait de
fa main ; puis les deux Efclaves qui m'a-
voient aporté furent apellez , & ils me
remportérent comme un prefent que la
favorite envoyoit au Bacha ; ce qui eft
facré pour tous les hommes commis à la
garde des femmes.

Nous trouvâmes Farrukhnaz & moi
d'autres

d'autres moyens encore de nous parler ;
& cette aimable captive m'infpira peu à
peu autant d'amour qu'elle en avoit pour
moi. Notre intelligence fut fecrette
pendant deux mois , quoiqu'il foit fort
difficile que dans un Sérail les myftéres
amoureux échapent long-tems aux
argus ; mais un contre-tems dérangea
nos petites affaires & ma fortune changea de face entiérement. Un jour que
dans le corps d'un dragon artificiel qu'on
avoit fait pour un-fpectacle , j'avois été
introduit chez la Sultane, & que je m'en-
tretenois chez elle , Soliman , que je
croyois occupé hors de la Ville , furvint ; il entra fi brufquement dans l'a-
partement de fa favorite , que la vieille
Efclave eut à peine le tems de nous
avertir de fon arrivée ; j'eus encore
moins le loifir de me cacher ; ainfi je
fus le premier objet qui s'offrit à la vûë
du Bacha.

Il parut fort étonné de me voir , &
fes yeux tout-à-coup s'allumérent de fureur. Je me regardai comme un homme qui touchoit à fon dernier moment,
& je m'imaginois déja être dans les fu-
plices. Pour Farrukhnaz , je m'aperçûs, à la vérité , qu'elle étoit effrayée;
mais

mais au lieu d'avoüer son crime , & d'en
demander pardon , elle dit à Soliman :
Seigneur , avant que vous prononciez
mon arrêt, daignez m'écouter. Les aparences sans doute me condamnent , &
je semble vous faire une trahison digne
des plus horribles châtimens. J'ai fait
venir ici ce jeune Captif ; & pour l'introduire dans mon apartement, j'ai employé les mêmes artifices dont je me
serois servie , si j'eusse eu pour lui un
amour violent ; cependant, & j'en at-
teste notre grand Prophête , malgré ces
démarches , je ne vous suis point infidèle ; j'ai voulu entretenir cet Esclave
Chrétien pour le détacher de sa Secte ,
& l'engager à suivre celle des Croyans ;
j'ai trouvé en lui une résistance à laquelle je m'étois bien attendue ; j'ai
toutefois vaincu ses préjugez , & il vient
de me promettre qu'il embrassera le Mahométisme.

Je conviens que je devois démentir la
Favorite , sans avoir égard à la conjonc-
ture dangereuse où je me trouvois ;
mais dans l'accablement où j'avois l'esprit , touché du péril où je voyois une
femme que j'aimois , & tremblant pour
moi-même , je demeurai interdit , &
confus ;

confus ; je ne pûs proférer une parole,
& le Bacha persuadé par mon silence que
sa Maîtresse ne disoit rien qui ne fût
véritable, se laissa desarmer. Madame,
répondit-il, je veux croire que vous ne
m'avez point offensé, & que l'envie de
faire une chose agréable au Prophête, a
pû vous engager à hazarder une action
si délicate ; j'excuse donc votre imprudence, pourvû que ce Captif prenne
tout à l'heure le turban. Aussi-tôt il fit
venir un Marabou ; on me revêtit d'un
habit à la Turque. Je fis tout ce qu'on
voulut, sans que j'eusse la force de m'en
défendre, ou pour mieux dire, je ne sçavois ce que je faisois dans le desordre où
étoient mes sens. Que de Chrétiens au-
roient été aussi lâches que moi dans cette
occasion !

Après la cérémonie, je sortis du Sérail, pour aller sous le nom de Sidy Hally exercer un petit emploi que Soliman
me donna. Je ne revis plus la Sultane ;
mais un de ses Eunuques vint un jour
me trouver, il m'aporta de sa part des
pierreries pour deux mille sultanins d'or,
avec un billet par lequel la Dame m'as-
suroit qu'elle n'oublieroit jamais la gé-
néreuse complaisance que j'avois euë de
me

me faire Mahométan pour lui ſauver la
vie. Véritablement, outre les preſens que
j'avois reçûs de Farrukhnaz, j'obtins par
ſon canal un emploi plus conſidérable
que le premier, & je devins en moins
de ſix à ſept années un des plus riches
Renégats de la Ville d'Alger.

Vous vous imaginez bien que ſi j'aſ-
ſiſtois aux priéres que les Muſulmans
font dans leurs Moſquées, & rempliſ-
ſois les autres devoirs de leur Religion,
ce n'étoit que par pure grimace ; je
conſervois une volonté déterminée de
rentrer dans le ſein de l'Egliſe, & pour
cet effet, je me propoſois de me retirer
un jour en Eſpagne ou en Italie avec
les richeſſes que j'aurois amaſſées. En-
attendant je vivois fort agréablement ;
j'étois logé dans une belle Maiſon ; j'a-
vois des jardins ſuperbes, un grand nombre d'eſclaves, & de fort jolies femmes
dans mon Sérail. Quoique l'uſage du vin
ſoit défendu en ce Païs-là aux Mahométans, ils ne laiſſent pas, pour la plûpart,
d'en boire en ſecret ; pour moi, j'en bû-
vois ſans façon, comme font tous les
Renégats. Je me ſouviens que j'avois
deux compagnons de débauche avec qui
je paſſois ſouvent la nuit à table ; l'un
étoit

étoit Juif & l'autre Arabe ; je les croyois honnêtes gens , & dans cette opinion , je vivois avec eux sans contrainte. Un soir , je les invitai à souper chez moi ; il m'étoit mort ce jour-là un chien que j'aimois passionnément ; nous levâmes son corps , & l'enterrâmes avec toute la cérémonie qui s'observe aux funérailles des Mahométans. Ce que nous en faisions n'étoit pas pour tourner en ridicule la Religion Musulmane , c'étoit seulement pour nous réjoüir , & satisfaire une folle envie qui nous prit dans la débauche de rendre les derniers devoirs à mon chien.

Cette action pourtant me pensa perdre ; le lendemain , il vint chez moi un homme qui me dit : Seigneur Sidy Hally , une affaire importante m'améne chez vous, Monsieur le Cady veut vous parler ; prenez , s'il vous plaît, la peine de vous rendre chez lui tout à l'heure : un Marchand Arabe qui soupa hier avec vous, lui a donné avis de certaine impiété par vous commise à l'occasion d'un chien que vous avez enterré ; c'est pour cela que je vous somme de comparoître aujourd'hui devant ce Juge ; faute de quoi, je vous avertis qu'il sera procédé crimi-

criminellement contre vous. Il fortit en
achevant ces paroles , & me laiffa fort
étourdi de fa fommation. L'Arabe n'a-
voit aucun fujet de fe plaindre de moi,
& je ne pouvois comprendre pourquoi
le traître m'avoit joüé ce tour - là. La
chofe néanmoins méritoit quelque attention. Je connoiffois le Cady pour un
homme févére en apàrence , mais au
fond peu fcrupuleux ; je mis deux cens
fultanins d'or dans ma bourfe, & j'allai
trouver ce Juge ; il me fit entrer dans
fon Cabinet , & me dit d'un air rebarba-
tif : Vous êtes un impie , un facrilége,
un homme abominable , vous avez enterré un chien comme un Mufulman :
quelle profanation ! Eft - ce donc ainfi
que vous refpectez nos cérémonies les
plus faintes ? Et ne vous êtes-vous fait
Mahométan que pour vous moquer de
nos pratiques de dévotion ? Monfieur
le Cady , lui répondis-je , l'Arabe qui
vous a fait un fi mauvais raport ; ce
faux ami eft complice de mon crime, fi
ç'en eft un d'accorder les honneurs de
la fépulture à un fidèle domeftique , à
un animal qui poffédoit mille bonnes
qualitez. Il aimoit tant les perfonnes de
mérite & de diftinction , qu'en mourant

Tome II. V même

même il a voulu leur donner des marques de fon amitié ; il leur laiſſe tous ſes biens par un Teſtament qu'il a fait, & dont je ſuis l'exécuteur ; il légue à l'un vingt écus, trente à l'autre, & il ne vous a point oublié, Monſeigneur, pour-ſuivis-je en tirant ma bourſe : voilà deux cens ſultanins d'or qu'il m'a chargé de vous remettre. Le Cady, à ce diſcours perdit ſa gravité, il ne pût s'empêcher de rire, & comme nous étions ſeuls, il prit ſans façon la bourſe, & me dit en me renvoyant : Allez, Seigneur Sidy Hally, vous avez fort bien fait d'inhu-mer avec pompe & avec honneur un chien qui avoit tant de conſidération pour les honnêtes gens.

Je me tirai d'affaire par ce moyen, & ſi cela ne me rendit pas plus ſage, j'en devint du moins plus circonſpect ; je ne fis plus de débauche avec l'Arabe, ni même avec le Juif ; je choiſis pour boire avec moi un jeune Gentilhomme de Li-vourne qui étoit mon Eſclave, il s'a-pelloit Azarini. Je ne reſſemblois point aux autres Renégats, qui font plus ſouf-frir de maux aux Eſclaves Chrétiens, que les Turcs mêmes. Tous mes Captifs at-tendoient aſſez patiemment qu'on les ra-chetât.

chetât. Je les traitois, à la vérité, ſi
doucement, que quelquefois ils me di-
ſoient qu'ils apréhendoient plus de changer de Patron, qu'ils ne ſoupiroient
après la liberté, quelques charmes qu'elle ait pour les perſonnes qui ſont dans
l'eſclavage.

Un jour les Vaiſſeaux du Bacha revinrent avec des priſes conſidérables; ils
amenoient plus de cent Eſclaves de l'un
& de l'autre ſexe, qu'ils avoient enle-
vez ſur les Côtes d'Eſpagne. Soliman
n'en garda qu'un très-petit nombre, &
tout le reſte fut vendu. J'arrivai dans la
Place où la vente s'en faiſoit, & j'achetai une fille Eſpagnole de dix à douze
ans; elle pleuroit à chaudes larmes, &
ſe deſeſpéroit. J'étois ſurpris de la voir
à ſon âge ſi ſenſible à ſa captivité; je lui
dis en Caſtillan de modérer ſon affliction, & je l'aſſurai qu'elle étoit tombée
entre les mains d'un Maître qui ne manquoit pas d'humanité, quoiqu'il eut un
turban. La petite perſonne toûjours oc-
cupée du ſujet de ſa douleur, ne m'é-
coutoit pas; elle ne faiſoit que gémir,
que ſe plaindre du ſort, & de tems en
tems elle s'écrioit d'un air attendri: O!
ma mere, pourquoi ſommes-nous ſépa-

rées?

rées ? Je prendrois patience, si nous étions toutes deux ensemble. En prononçant ces mots, elle tournoit la vûë vers une femme de quarante-cinq à cinquante ans, que l'on voyoit à quelques pas d'elle, & qui les yeux baissez attendoit dans un morne silence que quelqu'un l'achetât. Je demandai à la jeune fille si la personne qu'elle regardoit étoit sa mere. Hélas, oüi, Seigneur, me répondit-elle; au nom de Dieu, faites que je ne la quitte point. Hé bien, mon enfant, lui dis-je, si pour vous consoler, il ne faut que vous réünir l'une & l'autre, vous serez bientôt satisfaite. En même-tems je m'aprochai de la mere, pour la marchander ; mais je ne l'eûs pas si-tôt envisagée, que je reconnus avec toute l'émotion que vous pouvez penser, les traits, les propres traits de Lucinde. Juste Ciel! dis-je en moi-même, c'est ma mere! je n'en sçaurois douter. Pour elle, soit qu'un vif ressentiment de ses malheurs ne lui fit voir que des ennemis dans les objets qui l'environnoient, soit que mon habit me déguisât, ou bien que je fusse changé depuis douze années que je ne l'avois vûë, elle ne me remit point. Après l'avoir aussi achetée, je la menai
avec

avec fa fille à ma maifon.

Là, je voulus leur donner le plaifir d'aprendre qui j'étois : Madame, dis-je à Lucinde, eft-il poffible que mon vifage ne vous frape point ? Ma mouftache & mon turban vous font-ils méconnoître Raphaël votre fils ? Ma mere, treffaillit à ces paroles, me confidéra, me reconnut, & nous nous embraffâmes tendrement. J'embraffai enfuite fa fille, qui ne fçavoit peut-être pas plus qu'elle eût un frere, que je fçavois que j'avois une fœur. Avoüez, dis-je à ma mere, que dans toutes vos Piéces de Théâtre, vous n'avez pas une reconnoiffance auffi parfaite que celle ci. Mon fils, me répondit-elle en foûpirant, j'ai d'abord eu de la joïe de vous revoir ; mais ma joïe fe convertit en douleur. Dans quel état, hélas, vous retrouvai je ! Mon efclavage me fait mille fois moins de peine que l'habillement odieux.... Ah ! parbleu, Madame, interrompis-je en riant, j'admire votre délicateffe ; j'aime cela dans une Comédienne. Hé, bon Dieu ! ma mere, vous êtes donc bien changée, fi ma métamorphofe vous bleffe fi fort la vûë ! Au lieu de vous révolter contre mon turban, regardez-moi plûtôt comme

me un Acteur qui représente sur la scène un rôle Turc. Quoique Renégat, je ne suis pas plus Musulman que je l'étois en Espagne ; & dans le fonds, je me sens toûjours attaché à ma Religion. Quand vous sçaurez toutes les avantures qui me sont arrivées en ce Païs-ci , vous m'excuserez ; l'amour a fait mon crime ; je sacrifie à ce Dieu ; je tiens un peu de vous, je vous en avertis. Une autre raison encore, ajoutai-je, doit modérer en vous le déplaisir de me voir dans la situation où je suis : vous vous attendiez à n'éprouver dans Alger qu'une captivité rigoureuse , & vous trouvez dans votre Patron un fils tendre, respectueux, & assez riche pour vous faire vivre ici dans l'abondance , jusqu'à ce que nous saisissions l'occasion de retourner sûrement en Espagne. Demeurez d'accord de la vérité du Proverbe, qui dit qu'*à quelque chose le malheur est bon.*

Mon fils , me dit Lucinde, puisque vous avez dessein de repasser un jour dans votre Païs, & d'y abjurer le Mahométisme, je suis toute consolée. Graces au Ciel, continua-t-elle, je pourrai ramener saine & sauve en Castille votre sœur Béatrix. Oüi, Madame, m'écriai-je, je, vous le pourrez ; nous irons tous trois, le plûtôt qu'il nous fera poffi-ble, rejoindre le refte de notre famille ; car vous avez aparemment encore en Efpagne d'autres marques de votre fé-condité : Non, dit ma mere, je n'ai que vous deux enfans, & vous fçaurez que Béatrix eft le fruit d'un mariage des plus légitimes. Hé pourquoi, repris-je, avez-vous donné à ma petite fœur cet avantage-là fur moi ? Comment avez-vous pû vous réfoudre à vous ma-rier ? Je vous ai cent fois entendu dire dans mon enfance que vous ne pardon-niez point à une jolie femme de prendre un mari. D'autres tems, d'autres foins, mon fils, repartit-elle, les hommes les plus fermes dans leurs réfolutions, font fujets à changer, & vous voulez qu'une femme foit inébranlable dans les fien-nes. Je vais, pourfuivit-elle, vous con-ter mon hiftoire depuis votre fortie de Madrid. Alors, elle me fit le recit fui-vant que je n'oublierai jamais ; je ne veux pas vous priver d'une narration fi curieufe.

Il y a, dit ma mere, s'il vous en fou-vient, près de treize ans que vous quit-tâtes le jeune Léganez. Dans ce tems-là
le

le Duc de Médina Céli me dit qu'il vouloit un foir fouper en particulier avec moi ; il me marqua le jour ; j'attendis ce Seigneur, il vint & je lui plûs ; il me demanda le facrifice de tous les rivaux qu'il pouvoit avoir, je le lui accordai, dans l'efpérance qu'il me le payeroit bien ; il n'y manqua pas, dès le lendemain je reçus de lui des prefens, qui furent fuivis de plufieurs autres, qu'il me fit dans la fuite. Je craignois de ne pouvoir retenir long-tems dans mes chaînes un homme d'un fi haut rang ; & j'apréhendois cela d'autant plus que je n'ignorois pas qu'il étoit échapé à des beautez fameufes, dont il avoit auffi-tôt rompu, que porté les fers. Cependant loin de prendre de jour en jour moins de goût à mes complaifances, il fembloit plûtôt y trouver un plaifir nouveau ; enfin, j'avois l'art de l'amufer, & d'empêcher fon cœur naturellement volage de fe laiffer aller à fon penchant.

Il y avoit déja trois mois qu'il m'aimoit, & j'avois lieu de me flâter que fon amour feroit de longue durée, lorfqu'une femme de mes amies & moi, nous nous rendîmes à une Affemblée où il étoit avec la Ducheffe fon époufe. Nous

y

y allions pour entendre un concert de voix & d'inftrumens qu'on y faifoit. Nous nous plaçâmes par hazard affez près de la Ducheffe, qui s'avifa de trouver mauvais que j'ofaffe paroître dans un lieu où elle étoit; elle m'envoya dire par une de fes femmes, qu'elle me prioit de fortir promptement. Je fis une réponfe brutale à la Meffagére. La Ducheffe irritée s'en plaignit à fon époux, qui vint à moi lui-même & me dit : Sortez, Lucinde ; quand de grands Seïgneurs s'attachent à de petites créatures comme vous, elles ne doivent point pour cela s'oublier. Si nous vous aimons plus que nos femmes, nous honorons nos femmes plus que vous ; & toutes les fois que vous ferez affez infolentes pour vouloir vous mettre en comparaifon avec elles, vous aurez toûjours la honte d'être traitées avec indignité.

Heureufement le Duc me tint ce cruel difcours d'un ton de voix fi bas, qu'il ne fût point entendu des perfonnes qui étoient autour de nous ; je me retirai toute honteufe, & je pleurai de dépit d'avoir effuyé cet affront. Pour furcroît de chagrin, les Comédiens & les Comédiennes aprirent cette avan-

ture dès le foir même. On diroit qu'il y
a chez ces gens-là un démon qui fe plaît
à raporter aux uns tout ce qui arrive aux
autres. Un Comédien, par exemple, a-
t'il fait dans une débauche quelqu'action
extravagante : une Comédienne vient-
elle de paffer bail avec un riche galant,
la Troupe en eft auffi-tôt informée. Tous
mes Camarades fçurent donc ce qui s'é-
toit paffé au Concert, & Dieu fçait s'ils fe
réjoüirent bien à mes dépens. Il régne
parmi eux un efprit de charité qui fe ma-
nifefte dans ces fortes d'occafions. Je me
mis pourtant au-deffus de leurs caquets,
& je me confolai de la perte du Duc de
Médina Céli ; car je ne le revis plus chez
moi, & j'apris même peu de jours après
qu'une Chanteufe en avoit fait la conquête.

Lorfqu'une Dame de Théâtre a le
bonheur d'être en vogue, les Amans ne
fçauroient lui manquer ; & l'amour d'un
grand Seigneur ne durât-il que trois
jours, lui donne un nouveau prix. Je
me vis obfédée d'adorateurs, fi-tôt qu'il
fut notoire à Madrid que le Duc avoit
ceffé de me voir, les Rivaux que je lui
avois facrifiez, plus épris de mes charmes qu'auparavant, revinrent en foule
fur

fur les rangs ; je reçûs encore l'hom-
mage de mille autres cœurs ; je n'avois
jamais été tant à la mode. De tous les
hommes qui briguoient mes bonnes graces, un gros Allemand Gentilhomme du
Duc d'Offune me parut un des plus em-
preffez. Ce n'étoit pas une figure fort
aimable ; mais il s'attira mon attention
par un millier de piftoles qu'il avoit amaf-
fées au fervice de fon Maître, & qu'il
prodigua pour mériter d'être fur la lifte
de mes Amans fortunez ; ce bon fujet fe
nommoit Brutandorf. Tant qu'il fit de
la dépenfe, je le reçus favorablement ;
dès qu'il fut ruïné, il trouva ma porte
fermée ; mon procédé lui déplût. Il vint
me chercher à la Comédie pendant le
fpectacle ; j'étois derriére le Théâtre ; il
voulut me faire des reproches, je lui ris
au nez. Il fe mit en colére, & me donna
un foufflet en franc Allemand ; je pouf-
fai un grand cri. J'interrompis l'action :
je parus fur le Théâtre, & m'adreffant
au Duc d'Offune, qui ce jour-là étoit à
la Comédie avec la Ducheffe fa femme,
je lui demandai juftice des maniéres
germaniques de fon Gentilhomme. Le
Duc ordonna de continuer la Comédie,
& dit qu'il entendroit les Parties, quand

on auroit achevé la Piéce. D'abord qu'elle fut finie, je me prefentai fort émuë devant le Duc, & j'expofai vivement mes griefs. Pour l'Allemand , il n'employa que deux mots pour fa défenfe ; il dit qu'au lieu de fe repentir de ce qu'il avoit fait , il étoit homme à recommencer. Parties oüies, le Duc d'Offune dit au Germain : Brutandorf, je vous chaffe de chez moi , & vous défends de paroître à mes yeux , non pour avoir donné un foufflet à une Comédienne , mais pour avoir manqué de refpeɛ̂t à votre Maître & à votre Maîtreffe, & avoir ofé troubler le fpeɛ̂tacle en leur prefence.

Ce jugement me demeura fur le cœur ; je conçus un dépit mortel de ce qu'on ne chaffoit pas l'Allemand pour m'avoir infultée. Je m'imaginois qu'une pareille offenfe faite à une Comédienne devoit être auffi févérement punie qu'un crime de lèze-Majefté , & j'avois compté que le Gentilhomme fubiroit une peine afflictive. Ce defagréable événement me détrompa , & me fit connoître que le monde ne confond pas les Acteurs avec les rôles qu'ils reprefentent ; cela me dégoûta du Théâtre ; je réfolus de l'abandonner, & d'aller vivre loin de Madrid.

drid. Je choifis la Ville de Valence pour
le lieu de ma retraite , & je m'y rendis
incognito avec la valeur de vingt mille
ducats, que j'avois tant en argent, qu'en
pierreries ; ce qui me parut plus que fuf-
fifant pour m'entretenir le refte de mes
jours, puifque j'avois deffein de mener
une vie retirée. Je loüai à Valence une
petite Maifon , & pris pour tout domeftique une femme & un Page, à qui je n'é-
tois pas moins inconnuë qu'à toute la
Ville. Je me donnai pour veuve d'un Officier de chez le Roi , & je dis que je venois m'établir à Valence , fur la réputation que ce féjour avoit d'être un des
plus agréables d'Efpagne. Je ne voyois
que très-peu de monde ; & je tenois une
conduite fi réguliére, qu'on ne me foup-
çonna point d'avoir été Comédienne.
Malgré pourtant le foin que je prenois
de me cacher , je m'attirai les regards
d'un Gentilhomme, qui avoit un Château près de Paterna. C'étoit un Cavalier affez bien fait , de trente-cinq à quarante ans , mais un Noble fort endetté ;
ce qui n'eft pas plus rare dans le Royaume de Valence , que dans beaucoup d'autres Païs.

Ce Seigneur *Hidalgo* trouvant ma

X 3 perfonne

perſonne à ſon gré, voulut ſçavoir ſi d'ailleurs j'étois ſon fait. Il découpla des griſons pour courir aux enquêtes, & il eut le plaiſir d'aprendre par leur raport, qu'avec un minois peu dégoûtant, j'étois une Doüairiére aſſez opulente. Il jugea que je lui convenois, & bien-tôt il vint chez moi une bonne vieille, qui me dit de ſa part, que charmé de ma vertu, autant que de ma beauté, il m'offroit ſa foi, & qu'il étoit prêt à me conduire à l'Autel, ſi je voulois bien devenir ſa femme. Je demandai trois jours pour me conſulter là-deſſus. Je m'informai du Gentilhomme, & le bien qu'on me dit de lui, quoi qu'on ne me celât point l'état de ſes áffaires, me détermina ſans peine à l'épouſer peu de tems après.

Don Manuël de Xérica, (c'eſt ainſi que mon époux s'apelloit,) me mena d'abord à ſon Château, qui avoit un air antique, dont il étoit fort vain. Il prétendoit qu'un de ſes Ancêtres l'avoit autrefois fait bâtir; & il concluoit de-là qu'il n'y avoit point de Maiſon plus ancienne en Eſpagne, que celle de Xérica. Mais un ſi beau titre de Nobleſſe alloit ètre détruit par le tems; le Château

étayé

étayé en plufieurs endroits , menaçoit
ruïne. Quel bonheur pour Don Manuël
de m'avoir époufée ! Plus de la moitié
de mon argent fut employé aux répara-
tions , & le refte fervit à nous mettre
en état de faire groffe figure dans le Païs.
Me voilà donc , pour ainfi dire , dans un
nouveau monde. Changée en Nymphe
de Château, en Dame de Paroiffe. Quelle métamorphofe ! J'étois trop bonne
Actrice , pour ne pas bien foutenir la
fplendeur que mon rang répandoit fur
moi. Je prenois de grands airs , des airs
de Théâtre , qui faifoient concevoir dans
le Village une haute opinion de ma naiffance. Qu'on fe feroit égayé à mes dépens , fi l'on eût été au fait fur mon
compte ! La Nobleffe des environs m'auroit donné mille brocards , & les Païfans
auroient bien rabattu des refpects qu'ils
me rendoient.

Il y avoit déja près de fix années que
je vivois fort heureufe avec Don Manuël lorfqu'il mourut ; il me laiffa des
affaires à débroüiller , & votre fœur Béatrix qui avoit quatre ans paffez. Le Château , qui étoit notre unique bien , fe
trouva par malheur engagé à plufieurs
créanciers , dont le principal fe nommoit

X 4   Bernard

Bernard Astuto. Qu'il soutenoit bien son nom ! Il exerçoit à Valence une Charge de Procureur, qu'il remplissoit en homme consommé dans la procédure, & qui même avoit étudié en droit pour aprendre à mieux faire des injustices. Le terrible Créancier ! Un Château sous la griffe d'un semblable Procureur, est comme une Colombe dans les serres d'un Milan. Aussi le Seigneur Astuto, dès qu'il sçut la mort de mon mari, ne manqua pas de former le siége du Château. Il l'auroit indubitablement fait sauter par les mines que la chicane commençoit à faire, si mon étoile ne s'en fut mêlée ; mais mon bonheur voulut que l'Assiégeant devint mon Esclave. Je le charmai dans une entrevûë que j'eus avec lui au sujet de ses poursuites. Je n'épargnai rien, je l'avoüe, pour lui donner de l'amour ; & l'envie de sauver ma terre, me fit essayer sur lui tous les airs de visage qui m'avoient tant de fois si bien réüssi. Avec tout mon sçavoir faire, je craignois de rater le Procureur ; il étoit si enfoncé dans son métier, qu'il ne paroissoit pas susceptible d'une amoureuse impression. Cependant ce fournois, ce grimaud, ce gratte-papier, prenoit plus

de

de plaisir que je ne pensois à me regarder : Madame, me dit-il, je ne sçai point faire l'amour ; je me suis toûjours tellement apliqué à ma Profession, que cela m'a fait négliger d'aprendre les Us & Coutumes de la Galanterie. Je n'ignore pourtant pas l'essentiel ; & pour venir au fait, je vous dirai que si vous voulez m'épouser, nous brûlerons toute la procédure ; j'écarterai les Créanciers qui se sont joint à moi pour faire vendre votre terre : vous en aurez le revenu, & votre fille la propriété. L'intérêt de Béatrix & le mien ne me permirent pas de balancer ; j'acceptai la proposition. Le Procureur tint sa promesse, il tourna ses armes contre les autres Créanciers, & m'assura la possession de mon Château. C'étoit peut-être la première fois de sa vie qu'il eût bien servi la veuve & l'orphelin.

Je devins donc Procureuse, sans toutefois cesser d'être Dame de Paroisse ; mais ce nouveau mariage me perdit dans l'esprit de la Noblesse de Valence. Les femmes de qualité me regardèrent comme une personne qui avoit dérogé, & ne voulurent plus me voir. Il fallut m'en tenir au commerce des Bourgeoises.

ſes ; ce qui ne laiſſa pas d'abord de me faire un peu de peine, parce que j'étois accoutumée depuis ſix ans à ne fréquenter que des Dames de diſtinction ; je m'en conſolai pourtant bien-tôt. Je fis connoiſſance avec une Greffiére, & deux Procureuſes, dont les caractéres étoient fort plaiſans. Il y avoit dans leurs maniéres un ridicule qui me réjoüiſſoit. Ces petites Demoiſelles ſe croyoient des femmes hors du commun. Hélas ! diſois-je quelquefois en moi-même, quand je les voyois s'oublier : voilà le monde ; chacun s'imagine être au-deſſus de ſon voiſin. Je penſois qu'il n'y avoit que les Comédiennes qui ſe méconnuſſent. Les Bourgeoiſes, à ce que je vois, ne ſont pas plus raiſonnables. Je voudrois pour les punir qu'on les obligeât à garder dans leurs Maiſons les portraits de leurs ayeuls; mort de ma vie, elles ne les placeroient pas dans l'endroit le plus éclairé.

Après quatre années de mariage, le Seigneur Bernardo Aſtuto tomba malade, & mourut ſans enfans. Avec le bien dont il m'avoit avantagée en m'épouſant & celui que je poſſédois déja, je me vis une riche Doüairiére; auſſi j'en avois la réputation, & ſur ce bruit un Gentilhomme

homme Sicilien, nommé Colifichini réfolut de s'attacher à moi pour me ruïner,
ou pour m'époufer. Il me laiffa la préférence. Il étoit venu de Palerme pour
voir l'Efpagne ; & après avoir fatisfait
fa curiofité, il attendoit, difoit-il, à Valence l'occafion de repaffer en Sicile. Le
Cavalier n'avoit pas vingt-cinq ans ; il
étoit bien fait, quoique petit, & fa figure
enfin me revenoit. Il trouva moyen de
me parler en particulier, & je vous l'a-
vouërai franchement, j'en devins folle
dès le premier entretien que j'eus avec
lui. De fon côté, le petit fripon fe montra fort épris de mes charmes. Je croi,
Dieu me pardonne, que nous nous ferions mariez fur le champ, fi la mort du
Procureur encore toute récente m'eut
permis de contracter fi-tôt un nouvel engagement ; mais depuis que je m'étois
mife dans le goût des hymenées, je
gardois des mefures avec le monde.

Nous convînmes donc de différer notre mariage de quelque tems par bienféance. Cependant Colifichini me rendoit des foins ; & fon amour loin de fe
rallentir, fembloit devenir plus vif de
jour en jour. Le pauvre garçon n'étoit
pas trop bien en argent comptant. Je
m'en

m'en aperçus, & il ne manqua plus d'efpéces. Outre que j'avois presque deux
fois son âge, je me souvenois d'avoir fait
contribuer les hommes dans ma jeunesse, & je regardois ce que je donnois
comme une façon de restitution qui ac-
quitoit ma conscience. Nous attendîmes le plus patiemment qu'il nous fut
possible, le tems que le respect humain
prescrit aux veuves pour se remarier.
Lorsqu'il fut arrivé, nous allâmes à l'Autel, où nous nous liâmes l'un & l'autre
par des nœuds éternels. Nous nous retirâmes ensuite dans mon Château, où je
puis dire que nous y vécumes pendant
deux années, moins en époux, qu'en
tendres amans : mais, hélas ! nous n'é-
tions pas unis tous deux pour être long-
tems si heureux, une pleurésie emporta mon cher Colifichini !

J'interrompis en cet endroit ma mere.
Hé quoi, Madame, lui dis-je, votre
troisiéme époux mourut encore ? Il faut
que vous soyez une place bien meûr-
triére. Que voulez-vous, mon fils, me
répondit-elle, puis-je prolonger des
jours que le Ciel a comptez ? Si j'ai
perdu trois maris, je n'y sçaurois que
faire ; j'en ai fort regretté deux ; celui
que

que j'ai le moins pleuré, c'eſt le Procureur; comme je ne l'avois épouſé que
par intérêt, je me conſolai facilement
de ſa perte. Mais, continua-t'elle, pour
revenir à Colifichini, je vous dirai que
quelques mois après ſa mort, je voulus
aller voir par moi-même auprès de Palerme une Maiſon de Campagne qu'il
m'avoit aſſignée pour doüaire dans notre Contrat de Mariage. Je m'embarquai
avec ma fille pour paſſer en Sicile ; mais
nous avons été priſes ſur la route par les
Vaiſſeaux du Bachà d'Alger. On nous a
conduites dans cette Ville. Heureuſe-
ment pour nous, vous vous êtes trouvé
dans la place où l'on vouloit nous vendre ; ſans cela, nous ferions tombées entre les mains de quelque Patron barbare, qui nous auroit maltraitées, & chez
qui peut-être nous aurions été toute notre vie en eſclavage, ſans que vous euſ-
ſiez entendu parler de nous.

Tel fut le recit que fit ma mere. Après
quoi, Meſſieurs, je lui donnai le plus
bel apartement de ma Maiſon, avec la
liberté de vivre comme il lui plairoit.
Cè qui ſe trouva fort de ſon goût ; elle
avoit une habitude d'aimer, formée par
tant d'actes réïtérez, qu'il lui falloit
abſolument

absolument un amant ou un mari ; elle
jetta d'abord les yeux fur quelques-uns
de mes Efclaves : mais Hally Pégelin,
Renégat Grec, qui venoit quelquefois
au logis, attira bien-tôt toute fon attention ; elle conçut pour lui plus d'amour
qu'elle n'en avoit jamais eu pour Colifichini ; & elle étoit fi ftilée à plaire aux
hommes, qu'elle trouva le fecret de charmer encore celui-là. Je ne fis pas femblant de m'apercevoir de leur intelligence. Je ne fongeois alors qu'à m'en
retourner en Efpagne. Le Bacha m'avoit
déja permis d'armer un Vaiffeau pour aller en courfe & faire le Pirate. Cet arme-
ment m'occupoit, & huit jours devant
qu'il fût achevé, je dis à Lucinde : Madame, nous partirons d'Alger inceffamment ; nous allons perdre de vûë ce féjour que vous déteftez.

Ma mere pâlit à ces paroles, & garda
un filence glacé ; j'en fus étrangement
furpris. Que vois-je ! lui dis-je, d'où
vient que vous m'offrez un vifage épou-
venté ? Il femble que je vous afflige au
lieu de vous caufer de la joïe. Je croyois
vous annoncer une nouvelle agréable,
en vous aprenant que j'ai tout difpofé
pour notre départ. Eft-ce que vous ne
fouhaiteriez

souhaiteriez pas de repasser en Espagne ? Non , mon fils , je ne le souhaite plus répondit ma mere ; j'y ai eu tant de chagrin , que j'y renonce pour jamais. Qu'entens-je , m'écriai-je avec douleur ? Ah ! dites plûtôt que c'est l'amour qui vous en détache. Quel changement! ô Ciel ! Quand vous arrivâtes dans cette Ville , tout ce qui se presentoit à vos regards vous étoit odieux : mais Hally Pégelin vous a mise dans une autre disposition. Je ne m'en défends pas , repartit Lucinde ; j'aime ce Renégat , & j'en veux faire mon quatriéme époux. Quel projet , interrompis-je avec horreur ! Vous , épouser un Musulman ! Vous oubliez que vous êtes Chrétienne , ou plûtôt vous ne l'avez été jusqu'ici que de nom. Ah ! ma mere , que me faites-vous envisager ? Vous avez résolu votre perte. Vous allez faire volontairement ce que je n'ai fait que par nécessité.

Je lui tins bien d'autres discours encore pour la détourner de son dessein : mais je la haranguai fort inutilement ; elle avoit pris son parti ; elle ne se contenta pas même de suivre son mauvais penchant , & de me quitter pour aller vivre

vre avec ce Renégat; elle voulut emmener avec elle Béatrix ; je m'y opofai.
Ah! malheureufe Lucinde, lui dis-je, fi
rien n'eft capable de vous retenir, aban-
donnez - vous du moins toute feule à la
fureur qui vous polféde ; n'entraînez
point une jeune innocente dans le pré-
cipice où vous courez vous jetter. Lucinde s'en alla fans repliquer. Je crus
qu'un refte de raifon l'éclairoit & l'empêchoit de s'obftiner à demander fa fille.
Que je connoiffois mal.ma mere ! Un de
mes Efclaves me dit deux jours après :
Seigneur, prenez garde à vous. Un Captif de Pégelin vient de me faire une confidence dont vous ne fçauriez trop tôt
profiter. Votre mere a changé de Religion ; & pour vous punir de lui avoir
refufé Béatrix, elle a formé la réfolution
d'avertir le Bacha de votre fuite. Je ne
doutai pas un moment que Lucinde ne
fût femme à faire ce que mon Efclave
me difoit. J'avois eu le tems d'étudier
la Dame, & je m'étois aperçû qu'à force de joüer des rôles fanguinaires dans
les Tragédies , elle s'étoit familiarifée
avec le crime. Elle m'auroit fort bien
fait brûler tout vif , & je ne croi pas
qu'elle eût été plus fenfible à ma mort
qu'à

qu'à la cataſtrophe d'une piéce de Théâtre.

Je ne voulus donc pas négliger l'avis que me donnoit mon eſclave. Je preſſai mon embarquement. Je pris des Turcs ſelon la coutume des Corſaires d'Alger qui vont en courſe ; mais je n'en pris ſeulement que ce qu'il m'en falloit pour ne me pas rendre ſuſpeſt, & je ſortis du Port le plûtôt qu'il me fut poſſible avec tous mes Eſclaves & ma ſœur Béatrix. Vous jugez bien que je n'oubliai pas d'emporter en même-tems ce que j'a-vois d'argent & de pierreries ; ce qui pouvoit monter à la valeur de ſix mille ducats. Lorſque nous fûmes en pleine mer, nous commençâmes par nous aſ-ſurer des Turcs, nous les enchaînâmes facilement , parce que mes Eſclaves étoient en plus grand nombre. Nous eu-mes un vent ſi favorable , que nous ga-gnâmes en peu de tems les Côtes d'I-talie. Nous arrivâmes le plus heureuſe-ment du monde au Port de Livourne, où je croi que toute la Ville accourut pour nous voir débarquer. Le pere de mon eſclave Azarini ſe trouva par ha-zard ou par curioſité parmi les ſpeſta-teurs ; il conſidéroit attentivement tous

Tome II.   Y   mes

mes Captifs à mesure qu'ils mettoient
pied à terre ; mais quoi qu'il cherchât
en eux les traits de son fils, il ne s'attendoit pas à le revoir. Que de transports,
que d'embrassemens suivirent leur reconnoissance , quand ils vinrent tous
deux à se reconnoître !

Si tôt qu'Azarini eut appris à son pere qui j'étois, & ce qui m'amenoit à
Livourne, le vieillard m'obligea de même que Béatrix à prendre un logement
chez lui. Je passerai sous silence le détail de mille choses qu'il me fallut faire
pour rentrer dans le sein de l'Eglise ; je
dirai seulement que j'abjurai le Mahométisme de meilleure foi que je ne l'a-
vois embrassé. Après m'être entiérement purgé de ma gale d'Alger, je ven-
dis mon Vaisseau, & donnai la liberté à
tous mes Esclaves. Pour les Turcs, on
les retint dans les prisons de Livourne
pour les échanger contre les Chrétiens.
Je reçus de l'un & de l'autre Azarini
toutes sortes de bons traitemens ; le fils
même épousa ma sœur Béatrix qui n'é-
toit pas, à la vérité, un mauvais parti
pour lui, puisqu'elle étoit fille d'un Gentilhomme , & qu'elle avoit le Château de
Xérica , que ma mere avoit pris soin de
donner

donner à bail à un riche laboureur de
Paterna, lorfqu'elle voulut paffer en Sicile.

De Livourne, après y avoir demeuré
quelque-tems, je partis pour Florence
que j'avois envie de voir. Je n'y allai
pas fans Lettres de recommandation.
Azarini le pere avoit des amis à la Cour
du Grand Duc, & il me recommandoit
à eux comme un Gentilhomme Efpagnol
qui étoit fon allié. J'ajoutai le *Don* à
mon nom, imitant en cela bien des Efpagnols roturiers qui prennent fans façon ce titre d'honneur hors de leur païs.
Je me faifois donc effrontément apeller
Don Raphaël, & comme j'avois aporté d'Alger dequoi foûtenir dignement
ma nobleffe, je parus à la Cour avec
éclat. Les Cavaliers à qui le vieil Azarini avoit écrit en ma faveur, y publié-
rent que j'étois une perfonne de qualité, fi bien que leur témoignage & les
airs que je me donnois me firent paffer
fans peine pour un homme d'importance. Je me fauxfilai bien-tôt avec les prin-
cipaux Seigneurs, qui me prefentérent
au Grand Duc. J'eus le bonheur de lui
plaire; je m'attachai à faire ma cour à
ce Prince & à l'étudier; j'écoutai attentivement

tentivement ce que les plus vieux Courtifans lui difoient , & par leurs difcours je démêlai fes inclinations. Je
remarquai entre autres chofes qu'il aimoit les plaifanteries, les bons contes.&
les bons mots ; je me réglai là-deffus.
J'écrivois tous les matins fur mes ta-
blettes les hiftoires que je voulois lui
conter dans la journée ; j'en fçavois une
grande quantité; j'en avois, pour ainfi
dire , un fac tout plein. J'eus beau toutefois les ménager , mon fac fe vuida
peu à peu , de forte que j'aurois été
obligé de me répéter ou de faire voir que
j'étois au bout de mes apophtegmes , fi
mon génie fertile en fictions ne m'en eût
pas abondamment fournies ; mais je com-
pofai des contes galans & comiques qui
divertirent fort le Grand Duc; & ce qui
arrive fouvent aux beaux efprits de profeffion, je mettois la main fur mon agen-
da de bons mots que je donnois l'après-
dînée pour des impromptus.

Je m'érigeai même en Poëte , & je
confacrai ma mufe aux loüanges du
Prince. Je demeure d'accord de bonne
foi que mes vers n'étoient pas bons ;
auffi ne furent-ils pas critiquez ; mais
quand ils auroient été meilleurs, je doute

te qu'ils euffent été mieux reçûs du
Grand Duc. Il en paroiffoit très-con-
tent ; la matiére peut-être l'empêchoit
de les trouver mauvais. Quoi qu'il en
foit, ce Prince prit infenfiblement tant
de goût pour moi, que cela donna de
l'ombrage aux Courtifans ; ils voulurent découvrir qui j'étois ; ils n'y réüf-
firent point ; ils aprirent feulement que
j'avois été Renégat ; ils ne manquérent
pas de le dire au Prince dans l'efpérance de me nuire ; ils n'en vinrent pourtant pas à bout. Au contraire, le Grand
Duc un jour m'obligea de lui faire une
Relation fidelle de mon voyage d'Alger.
Je lui obéïs, & mes avantures, que je
ne lui déguifai point, le réjoüirent in-
finiment.

Don Raphaël, me dit-il après que
j'en eus achevé le recit, j'ai de l'amitié
pour vous, & je veux vous en donner
une marque qui ne vous permettra pas
d'en douter ; je vous fais dépofitaire de
mes fecrets ; & pour commencer à vous
mettre dans ma confidence, je vous dirai que j'aime la femme d'un de mes
Miniftres ; c'eft la Dame de ma Cour la
plus aimable, mais en même-tems la
plus vertueufe. Renfermée dans fon domeftique,

meftique , uniquement attachée à un
époux qui l'idolâtre, elle femble ignorer
le bruit que fes charmes font dans Florence ; jugez fi cette conquête eft difficile. Cependant cette beauté, toute inac-
ceffible qu'elle eft aux amans , a quelquefois entendu mes foupirs ; j'ai trouvé moyen de lui parler fans témoins ;
elle connoît mes fentimens ; je ne me
flatte point de lui avoir infpiré de l'a-
mour ; elle ne m'a point donné fujet de
former une fi agréable penfée ; je ne
defefpére pas toutefois de lui plaire par
ma conftance & par la conduite myfté-
rieufe que je prends foin de tenir.

La paffion que j'ai pour cette Dame,
continua-t'il , n'eft connuë que d'elle
feule. Au lieu de fuivre mon penchant
fans contrainte , & d'agir en Souverain,
je dérobe à tout le monde la connoiffance de mon amour. Je croi devoir ce
ménagement à Mafcarini , c'eft l'époux
de la perfonne que j'aime. Le zèle &
l'attachement qu'il a pour moi , fes fervices & fa probité m'obligent à me conduire avec beaucoup de fecret & de cir-
confpe&ion. Je ne veux pas enfoncer un
poignard dans le fein de ce mari malheureux en me déclarant Amant de fa
femme ;

femme ; je voudrois qu'il ignorât toûjours , s'il est possible , l'ardeur dont je
me sens brûler : car je suis persuadé
qu'il mourroit de douleur s'il sçavoit la
confidence que je vous fais en ce moment. Je cache donc mes démarches , &
j'ai résolu de me servir de vous pour
exprimer à Lucréce tous les maux que
me fait souffrir la contrainte que je m'im-
pose. Vous serez l'Interprette de mes
sentimens ; je ne doute point que vous
ne vous acquitiez à merveilles de cette
commission ; liez commerce avec Mascarini ; attachez-vous à gagner son amitié ;
introduisez-vous chez lui , & vous ménagez la liberté de parler à sa femme :
voilà ce que j'attens de vous , & ce que
je suis assuré que vous ferez avec toute
l'adresse & la discrétion que demande
un emploi si délicat.

Je promis au Grand Duc de faire tout
mon possible pour répondre à sa confiance & contribuer au bonheur de ses
feux. Je lui tins bien-tôt parole. Je n'é-
pargnai rien pour plaire à Mascarini ,
& j'en vins à bout sans peine. Charmé
de voir son amitié recherchée par un
homme aimé du Prince, il fit la moitié
du chemin ; sa maison me fut ouverte.
J'eus

J'eus un libre accès auprès de son épouse, & j'ose dire que je me composai si bien qu'il n'eut pas le moindre soupçon de la négociation dont j'étois chargé. Il est vrai qu'il étoit peu jaloux pour un Italien ; il se reposoit sur la vertu de sa Lucréce, & s'enfermant dans son Cabinet, il me laissoit souvent seul avec elle. Je fis d'abord les choses rondement ; j'entretins la Dame de l'amour du Grand Duc, & lui dis que je ne venois chez elle que pour lui parler de ce Prince ; elle ne me parut pas éprise de lui, & je m'aperçus néanmoins que la vanité l'empéchoit de rejetter ses soupirs ; elle prenoit plaisir à les entendre sans vouloir y répondre ; elle avoit de la sagesse, mais elle étoit femme, & je remarquois que sa vertu cédoit insensiblement à l'image superbe de voir un Souverain dans ses fers. Enfin, le Prince pouvoit justement se flater que, sans employer la violence de Tarquin, il verroit Lucréce renduë à son amour. Un incident toutefois auquel il se feroit le moins attendu, détruisit ses espérances, comme vous l'allez aprendre.

Je suis naturellement hardi avec les femmes. J'ai contracté cette habitude
bonne

bonne ou mauvaiſe chez les Turcs. Lucréce étoit belle. J'oubliai que je ne devois faire que le perſonnage d'Ambaſſa-
deur. Je parlai pour mon compte. J'of-
fris mes ſervices à la Dame le plus galamment qu'il me fut poſſible. Au lieu
de paroître choquée de mon audace &
de me répondre avec colére, elle me dit
en ſoûriant : Avoüez, Don Raphaël,
que le Grand Duc a fait choix d'un agent
fort fidèle & fort zèlé. Vous le ſervez
avec une intégrité qu'on ne peut aſſez
loüer. Madame, dis-je ſur le même ton,
n'examinons point les choſes ſcrupuleu-
ſement. Laiſſons, je vous prie, les réfléxions ; je ſçai bien qu'elles ne me ſont
pas favorables ; mais je m'abandonne au
ſentiment. Je ne crois pas, après tout,
être le premier confident de Prince qui
ait trahi ſon maître en matiére de galanterie. Les grands Seigneurs ont ſouvent dans leurs Mercures des rivaux
dangereux. Cela ſe peut, reprit Lucréce;
pour moi, je ſuis fiére, & tout autre
qu'un Prince ne ſçauroit me toucher.
Réglez-vous là-deſſus, pourſuivit-elle
en prenant ſon ſérieux, & changeons
d'entretien. Je veux bien oublier ce que
vous venez de me dire, à condition qu'il

Tome II.   Z   ne

ne vous arrivera plus de me tenir de pareils propos ; autrement vous pourrez
vous en repentir.

Quoique cela fut un avis au Lecteur,
& que je dûſſe en profiter, je ne ceſſai
point d'entretenir de ma paſſion la femme de Maſcarini. Je la preſſai même
avec plus d'ardeur qu'auparavant, de
répondre à ma tendreſſe, & je fus aſſez
téméraire pour vouloir prendre des li-
bertez. La Dame alors s'offenſant de
mes diſcours & de mes maniéres Muſul-
manes, me rompit en viſiére. Elle me
menaça de faire ſçavoir au Grand Duc
mon inſolence, en m'aſſurant qu'elle le
prieroit de me punir comme je le méri-
tois. Je fus piqué de ces menaces à
mon tour. Mon amour ſe changea en
haine. Je réſolus de me venger du mépris que Lucréce m'avoit témoigné. J'allai trouver ſon mari, & après l'avoir
obligé de jurer qu'il ne me commettroit
point, je l'informai de l'intelligence que
ſa femme avoit avec le Prince, dont je
ne manquai pas de la peindre fort amou-
reuſe pour rendre la ſcène plus interreſ-
ſante. Le Miniſtre, pour prévenir tout
accident, renferma, ſans autre forme
de procès, ſon épouſe dans un apartement

ment fecret, où il la fit étroitement garder par des perfonnes affidées. Tandis
qu'elle étoit environnée d'argus qui l'ob-
fervoient & l'empêchoient de donner
de fes nouvelles au Grand Duc , j'annonçai d'un air trifte à ce Prince, qu'il
ne devoit plus penfer à Lucréce; je lui
dis que Mafcarini avoit fans doute découvert tout, puifqu'il s'avifoit de veil-
ler fur fa femme : que je ne fçavois pas
ce qui pouvoit lui avoir donné lieu de
me foupçonner, attendu que je croyois
m'ètre toûjours conduit avec beaucoup
d'adreffe : que la Dame peut-être avoit
elle-même avoüé tout à fon époux, &
que de concert avec lui , elle s'étoit
laiffé renfermer pour fe dérober à des
pourfuites qui allarmoient fa vertu. Le
Prince parut fort affligé de mon raport.
Je fus touché de fa douleur, & je me
repentis plus d'une fois de ce que j'avois
fait ; mais il n'étoit plus tems. D'ailleurs, je le confeffe, je fentois une ma-
ligne joye, quand je me reprefentois la
fituation où j'avois réduit l'orgueïlleufe
qui avoit dédaigné mes vœux.

Je goûtois impunément le plaifir de
la vengeance qui eft fi doux à tout le
monde & principalement aux Efpagnols.

lorfqu'un

lorſqu'un jour le Grand Duc étant avec cinq ou ſix Seigneurs de ſa Cour & moi, nous dit; de quelle maniére jugeriez-vous à propos qu'on punît un homme qui auroit abuſé de la confidence de ſon Prince & voulu lui ravir ſa maîtreſſe ? Il faudroit, dit un des Courtiſans, le faire tirer à quatre chevaux. Un autre fut d'avis qu'on l'aſſommât & le fit mourir ſous le bâton. Le moins cruel de ces Italiens & celui qui opina le plus favorablement pour le coupable, dit qu'il ſe contenteroit de le faire précipiter du haut d'une tour en bas. Et Don Raphaël, reprit alors le Grand Duc, de quelle opinion eſt-il ? Je ſuis perſuadé que les Eſpagnols ne ſont pas moins ſévéres que les Italiens dans de ſemblables conjectures.

Je compris bien, comme vous pouvez penſer, que Maſcarini n'avoit pas gardé ſon ſerment, ou que ſa femme avoit trouvé moyen d'inſtruire le Prince de ce qui s'étoit paſſé entr'elle & moi. On remarquoit ſur mon viſage le trouble qui m'agitoit. Cependant tout troublé que j'étois, je répondis d'un ton ferme au Grand Duc : Seigneur, les Eſpagnols ſont plus généreux. Ils pardonneroient en cette occaſion au confident, & feroient

roient naître par cette bonté dans son ame un regret éternel de les avoir trahis. Hé bien, me dit le Prince, je me sens capable de cette générosité. Je pardonne au traître. Aussi-bien, je ne dois m'en prendre qu'à moi-même d'avoir donné ma confiance à un homme que je ne connoissois point, & dont j'avois sujet de me défier, après tout ce qu'on m'en avoit dit. Don Raphaël, ajouta-t'il, voici de quelle maniére je veux me venger de vous. Sortez incessamment de mes Etats, & ne paroissez plus devant moi. Je me retirai sur le champ, moins affligé de ma disgrace que ravi d'en être quitte à si bon marché. Je m'embarquai dès le lendemain dans un vaisseau de Barcelone qui sortit du port de Livourne pour s'en retourner.

J'interrompis Don Raphaël dans cet endroit de son histoire. Pour un homme d'esprit, lui dis-je, vous fites, ce me semble, une grande faute de ne pas quitter Florence immédiatement après avoir découvert à Mascarini l'amour du Prince pour Lucréce. Vous deviez bien vous imaginer que le Grand Duc ne tarderoit pas à sçavoir votre trahison. J'en demeure d'accord, répondit le fils

Z 3   de

de Lucinde. Auffi, malgré l'affurance
que le Miniftre me donna de ne me point
expofer au reffentiment du Prince, je
me propofois de difparoître au plûtôt.

J'arrivai à Barcelone, continua-t'il,
avec le refte des richeffes que j'avois
aportées d'Alger, & dont j'avois diffipé
la meilleure partie à Florence en faifant
le Gentilhomme Efpagnol. Je ne demeurai pas long-tems en Catalogne. Je
mourois d'envie de revoir Madrid le lieu
charmant de ma naiffance, & je fatisfis
le plûtôt qu'il me fut poffible le defir
qui me preffoit. En arrivant dans cette
Ville, j'allai loger par hazard dans un
hôtel garni, où demeuroit une Dame
qu'on apelloit Camille. Quoi qu'elle
fut hors de minorité, c'étoit une créa-
ture fort piquante. J'en attefte le Seigneur Gil Blas qui l'a vûë à Valladolid
prefque dans le même-tems. Elle avoit
encore plus d'efprit que de beauté, &
jamais avanturiére n'a eu plus de talent
pour amorcer les dupes. Mais elle ne
reffembloit point à ces coquettes qui
mettent à profit la reconnoiffance de
leurs amans ; venoit-elle de dépoüiller un
homme d'affaires : elle en partageoit
les dépoüilles avec le premier Chevalier
de

de Tripot qu'elle trouvoit à son gré.

Nous nous aimâmes l'un l'autre dès que nous nous vîmes, & la conformité de nos inclinations nous lia si étroitement, que nous fûmes bien-tôt en communauté de biens. Nous n'en avions pas, à la vérité, de considérables, & nous les mangeâmes en peu de tems. Nous ne songions par malheur tous deux qu'à nous plaire, sans faire le moindre usage des dispositions que nous avions à vivre aux dépens d'autrui. La misére enfin réveilla nos génies que le plaisir avoit engourdis : Mon cher Raphaël, me dit Camille , faisons diversion, mon ami. Cessons de garder une fidélité qui nous ruïne. Vous pouvez entêter une riche veuve; je puis charmer quelque vieux Seigneur ; si nous continuons à nous être fidelles , voilà deux fortunes manquées. Belle Camille, lui répondis-je, vous me prévenez. J'allois vous faire la même proposition. J'y consens , ma Reine. Oüi, pour mieux entretenir notre mutuelle ardeur, tentons d'utiles conquêtes. Les infidélitez que nous nous ferons deviendront des triomphes pour nous.

Cette convention faite, nous nous mî-

mes

mes en campagne. Nous nous donnâmes d'abord de grands mouvemens fans pouvoir rencontrer ce que nous cherchions. Camille ne trouvoit que des Petits-maîtres, ce qui fupofe des amans qui n'avoient pas le fol, & moi que des femmes qui aimoient mieux lever des contributions que d'en payer. Comme l'Amour fe refufoit à nos befoins, nous eumes recours aux fourberies. Nous en fimes tant & tant que le Corrégidor en entendit parler, & ce Juge févére en diable, chargea un de fes Alguazils de nous arrêter ; mais l'Alguazil auffi bon que le Corrégidor étoit mauvais, nous laiffa le loifir de fortir de Madrid pour une petite fomme que nous lui donnâmes. Nous prîmes la route de Valladolid, & nous allâmes nous établir dans cette Ville. J'y loüai une maifon où je logeai avec Camille, que je fis paffer pour ma fœur de peur de fcandale. Nous tinmes d'abord notre induftrie en bride, & nous commençâmes d'étudier le terrein avant que de former aucune entreprife.

Un jour un homme m'aborda dans la ruë, me falua très-civilement, & me dit : Seigneur Don Raphaël, me reconnoiffez-

noiffez-vous ? Je lui répondis que non.
Et moi, reprit-il, je vous remets parfaitement. Je vous ai vû à la Cour
de Tofcane, & j'étois alors Garde du
Grand Duc. Il y a quelques mois, ajouta-t'il, que j'ai quitté le fervice de ce
Prince. Je fuis venu en Efpagne avec
un Italien des plus fubtils. Nous fommes à Valladolid depuis trois femaines.
Nous demeurons avec un Caftillan & un
Galicien, qui font fans contredit deux
honnêtes garçons. Nous vivons enfemble du travail de nos mains. Nous fai-
fons bonne chére & nous nous divertif-
fons comme des Princes. Si vous voulez
vous joindre à nous, vous ferez agréablement reçû de mes confréres, car
vous m'avez toûjours paru un galant
homme, peu fcrupuleux de votre naturel, & profez dans notre ordre.

La franchife de ce fripon excita la
mienne. Puifque vous me parlez à cœur
ouvert, lui dis-je, vous méritez que je
m'explique de même avec vous. Véri-
blement je ne fuis pas novice dans votre profeffion, & fi ma modeftie me
permettoit de conter mes exploits, vous
verriez que vous n'avez pas jugé trop
avantageufement de moi; mais je laiffe-
là

là les loüanges , & je me contenterai
de vous dire en acceptant la place que
vous m'offrez dans votre compagnie ,
que je ne négligerai rien pour vous
prouver que je n'en fuis pas indigne. Je
n'eus pas fi-tôt dit cet ambidextre, que
je confentois d'augmenter le nombre de
fes camarades, qu'il me conduifit où ils
étoient, & là je fis connoiffance avec
eux. C'eft dans cet endroit que je vis
pour la premiére fois l'illuftre Ambroife
de Lamela. Ces Meffieurs m'interrogé-
rent fur l'art de s'aproprier finement
le bien du prochain. Ils voulurent fçavoir fi j'avois des principes ; mais je
leur montrai bien des tours qu'ils ignoroient & qu'ils admirérent. Ils furent
encore plus étonnez , lorfque méprifant
la fubtilité de ma main , comme une
chofe trop ordinaire , je leur dis que
j'excellois dans les fourberies qui demandent de l'efprit. Pour le leur perfuader,
je leur racontai l'avanture de Jérôme
de Moyadas, & fur le fimple recit que
j'en fis, ils me trouvérent un génie fi
fupérieur , qu'ils me choifirent d'une
commune voix pour leur chef. Je jufti-
fiai bien leur choix par une infinité de
friponneries que nous fimes , & dont je
fus,

fus , pour ainſi parler, la cheville ou-
vriére. Quand nous avions beſoin d'une
actrice pour nous ſeconder dans le beſoin, nous nous ſervions de Camille qui
joüoit à ravir tous les rôles qu'on lui
donnoit.

Dans ce tems-là , notre confrére
Ambroiſe fut tenté de revoir ſa patrie.
Il partit pour la Galice, en nous aſſurant
que nous pouvions compter ſur ſon retour. Il contenta ſon envie , & comme
il s'en revénoit , étant allé à Burgos
pour y faire quelque coup, un hôtellier
de ſa connoiſſance le mit au ſervice du
Seigneur Gil Blas de Santillane, dont il
n'oublia pas de lui aprendre les affaires.
Seigneur Gil Blas, pourſuivit D. Raphaël
en m'adreſſant la parole, vous ſçavez de
quelle maniére nous vous dévaliſſâmes
dans un hôtel garni de Valladolid; je ne
doute pas que vous n'ayez ſoupçonné
Ambroiſe d'avoir été le principal inſtru-
ment de ce vol, & vous avez eu raiſon.
Il vint nous trouver en arrivant , il nous
expoſa l'état où vous étiez, & Meſſieurs les entrepreneurs ſe réglérent là-
deſſus. Mais vous ignorez les ſuites de
cette avanture, je vais vous en inſtruire.
Nous enlevâmes Ambroiſe & moi votre

tre valife, & tous deux montez fur vos
mules, nous prîmes le chemin de Madrid, fans nous embarraffer de Camille
ni de nos camarades, qui furent fans
doute auffi furpris que vous, de ne vous
pas revoir le lendemain.

Nous changeâmes de deffein la fe-
conde journée. Au lieu d'aller à Madrid, d'où je n'étois pas forti fans raifon, nous paffâmes par Zébreros &
continuâmes notre route jufqu'à Toléde. Notre premier foin dans cette
Ville fut de nous habiller fort proprement. Puis nous donnant pour deux
freres Galiciens qui voyageoient par curiofité, nous connûmes bien-tôt de fort
honnêtes gens. J'étois fi accoûtumé à
faire l'homme de qualité, qu'on s'y mé-
prit aifément ; & comme on éblouït
d'ordinaire par la dépenfe, nous jettâ-
mes de la poudre aux yeux de tout le
monde par les fêtes galantes que nous
commençâmes à donner aux Dames.
Parmi les femmes que je voyois il y en
eut une qui me toucha. Je la trouvai
plus belle que Camille & beaucoup plus
jeune. Je voulus fçavoir qui elle étoit ;
j'apris qu'elle fe nommoit Violante &
qu'elle avoit époufé un Cavalier qui déja

las

las de fes careffes, couroit après celles d'une courtifanne qu'il aimoit. Je n'eus pas befoin qu'on m'en dit davantage pour me déterminer à établir Violante Dame fouveraine de mes penfées.

Elle ne tarda guére à s'apercevoir de fa conquête. Je commençai à fuivre par-tout fes pas, & à faire cent folies pour lui perfuader que je ne demandois pas mieux que de la confoler des infidé-litez de fon époux. La belle fit là-deffus fes réfléxions, qui furent telles que j'eus enfin le plaifir de connoître que mes intentions étoient aprouvées. Je reçûs d'elle un billet en réponfe de plufieurs que je lui avois fait tenir par une de ces vieilles qui font d'une fi grande commo-dité en Efpagne & en Italie. La Dame me mandoit que fon mari foupoit tous les foirs chez fa maîtreffe, & ne reve-noit au logis que fort tard. Je compris bien ce que cela fignifioit. Dès la même nuit j'allai fous les fenêtres de Vio-lante, & je liai avec elle une converfa-tion des plus tendres. Avant que de nous féparer, nous convinmes que toutes les nuits à pareille heure, nous pourrions nous entretenir de la même maniére, fans préjudice de tous les autres actes de

galanterie

galanterie qu'il nous-feroit permis d'e-
xercer le jour.

Jufques-là Don Baltazar, ainfi fe
nommoit l'époux de Violante, en avoit
été quitte à bon marché ; mais je voulois aimer phyfiquement, & je me rendis un foir fous les fenêtres de la Dame, dans le deffein de lui dire que je
ne pouvois plus vivre, fi je n'avois un
tête à tête avec elle dans un lieu plus
convenable à l'excès de mon amour ; ce
que je n'avois pû encore obtenir d'elle.
Mais comme j'arrivois je vis venir dans
la ruë un homme qui fembloit m'obferver. En effet, c'étoit le mari qui reve-
noit de chez fa courtifanne de meilleure
heure qu'à l'ordinaire, & qui remarquant un Cavalier près de fa maifon,
au lieu d'y entrer, fe promenoit dans
la ruë. Je demeurai quelque tems incertain de ce que je devois faire. Enfin,
je pris le parti d'aborder Don Baltazar,
que je ne connoiffois point & dont je
n'étois pas connu. Seigneur Cavalier,
lui dis-je, laiffez-moi, je vous prie, la
ruë libre pour cette nuit. J'aurai une
autrefois la même complaifance pour
vous. Seigneur, me répondit-il, j'allois
vous faire la même priére. Je fuis amoureux

reux d'une fille que fon frere fait foi-
gneufement garder, & qui demeure à
vingt pas d'ici. Je fouhaiterois qu'il n'y
eût perfonne dans la ruë. Il y a, repris-je,
moyen de nous fatisfaire tous deux fans
nous incommoder. Car, ajoutai-je, en
lui montrant fa propre maifon, la Dame que je fers loge-là. Il faut même
que nous nous fecourions, fi l'un ou
l'autre vient à être attaqué. J'y confens,
repartit-il, je vais à mon rendez-vous,
& nous nous épaulerons s'il en eft befoin. A ces mots, il me quitta, mais
c'étoit pour mieux m'obferver ; ce que
l'obfcurité de la nuit lui permettoit de
faire impunément.

Pour moi je m'aprochai de bonne
foi du balcon de Violante. Elle parut
bien-tôt, & nous commençâmes à nous
entretenir. Je ne manquai pas de preffer
ma Reine de m'accorder un entretien
fecret dans quelqu'endroit particulier.
Elle réfifta un peu à mes inftances, pour
augmenter le prix de la grace que je demandois ; puis me jettant un billet
qu'elle tira de fa poche : Tenez, me dit-
elle, vous trouverez dans cette lettre, la
promeffe d'une chofe dont vous m'im-
portunez tant. Enfuite elle fe retira, parce

ce que l'heure à laquelle son mari reve-
noit ordinairement aprochoit. Je serrai
le billet, & je m'avançai vers le lieu où
Don Baltazar m'avoit dit qu'il avoit affaire. Mais cet époux qui s'étoit fort
bien aperçû que j'en voulois à sa femme, vint au-devant de moi, & me dit:
Hé bien, Seigneur Cavalier, êtes-vous
content de votre bonne fortune ? J'ai
sujet de l'être, lui répondis-je. Et vous,
qu'avez-vous fait ? L'amour vous a-t'il
favorisé ? Hélas, non repartit-il, le maudit frere de la beauté que j'aime est de
retour d'une maison de campagne, d'où
nous avions cru qu'il ne reviendroit que
demain. Ce contre-tems m'a sévré du
plaisir dont je m'étois flatté.

Nous nous fimes Don Baltazar &
moi des protestations d'amitié, & pour
en serrer les nœuds, nous nous donnâmes rendez - vous le lendemain matin
dans la grande place. Ce Cavalier après
que nous nous fûmes séparez, entra chez
lui, & ne fit nullement connoître à Violante qu'il sçût de ses nouvelles. Il se
trouva le jour suivant dans la grande
place. J'y arrivai un moment après lui.
Nous nous saluâmes avec des démonstra-
tions d'amitié aussi perfides d'un côté
que

que sincéres de l'autre. Ensuite, l'artifi-
cieux Don Baltazar me fit une faussé confidence de son intrigué avec la Dame
dont il m'avoit parlé la nuit précéden-
te. Il me raconta là-dessus une longue
fable, qu'il avoit composée, & tout cela
pour m'engager à lui dire à mon tour
de quelle façon j'avois fait connoissance
avec Violante. Je ne manquai pas de
donner dans le piége ; j'avoüai tout avec
la plus grande franchise du monde. Je
montrai même le Billet que j'avois reçu
d'elle, & je lûs ces paroles qu'il contenoit. *J'irai demain dîner chez Dona Inés.*
Vous sçavez où elle demeure. C'est dans
la maison de cette fidèle amie que je
prétens avoir un tête à tête avec vous.
Je ne puis vous refuser plus long-tems
cette faveur que vous me paroissez mé-
riter.

Voilà, dit Don Baltazar, un Billet
qui vous promet le prix de vos feux. Je
vous félicite par avance du bonheur qui
vous attend. Il ne laissoit pas en parlant
de la sorte d'être un peu déconcerté :
mais il déroba facilement à mes yeux
son trouble & son embarras. J'étois si
plein de mes espérances, que je ne me
mettois guére en peine d'observer mon

Tome II. A a con-

confident , qui fut obligé toutefois de me
quitter , de peur que je ne m'aperçuſſe
enfin de ſon agitation. Il courut avertir
ſon beaufrere de cette avanture. J'ignore
ce qui ſe paſſa entr'eux ; je ſçai ſeulement que Don Baltazar vint fraper à
la porte de Dona Inés, dans le tems que
j'étois chez cette Dame avec Violante.
Nous ſçûmes que c'étoit lui,& je me ſau-
vai par une porte de derriére avant qu'il
fut entré. D'abord que j'eus diſparu , les
femmes , que l'arrivée imprévûë de ce
mari avoit troublées , ſe raſſûrérent , &
le reçûrent avec tant d'effronterie, qu'il
ſe douta bien qu'on m'avoit caché , ou
fait évader. Je ne vous dirai point ce
qu'il dit à Dona Inés, & à ſa femme. C'eſt
une choſe qui n'eſt pas venuë à ma connoiſſance.

Cependant , ſans ſoupçonner encore
que je fuſſe la dupe de Don Baltazar,
je ſortis en le maudiſſant, & je retournai à la grande Place, où j'avois donné
rendez-vous à Lamela. Je ne l'y trouvai point. Il avoit auſſi ſes petites affaires , & le fripon étoit plus heureux
que moi. Comme je l'attendois , je vis
arriver mon perfide confident, qui avoit
un air gai. Il me joignit , & me demanda
en

en riant des nouvelles de mon tête à
tête avec ma Nimphe chez Dona Inés.
Je ne fçai, lui dis-je, quel démon jaloux de mes plaifirs fe plaît à les tra-
verfer : mais tandis que feul avec ma
Dame , je la preffois de faire mon bonheur, fon mari , (que le Ciel confonde)
eſt venu fraper à la porte de la maifon. Il a fallu promptement fonger à
me retirer. Je fuis forti par une porte
de derriére , en donnant à tous les dia-
bles le fâcheux qui rompoit toutes mes
mefures. J'en ai un véritable chagrin ,
s'écria Don Baltazar, qui fentoit une
fecrette joïe de voir ma peine. Voilà un
impertinent mari. Je vous confeille de
ne lui point faire de quartier. Oh ! je
fuivrai vos confeils , lui repliquai-je ,
& je puis vous affurer que fon honneur
paffera le pas cette nuit. Sa femme ,
quand je l'ai quittée, m'a dit de ne me
pas rebuter pour fi peu de chofe. Que
je ne manque pas de me rendre fous fes
fenêtres de meilleure heure qu'à l'ordinaire ; qu'elle eſt réfoluë à me faire entrer chez elle : mais qu'à tout hazard
j'aye la précaution de me faire efcorter
par deux ou trois amis , de crainte de
furprife. Que cette Dame eſt prudente ,

A a 2   dit

dit-il ! Je m'offre à vous accompagner.
Ah ! mon cher ami, m'écriai-je tout
tranſporté de joye, & jettant mes bras au
col de Don Baltazar, que je vous ai d'o-
bligation ! Je ferai plus, reprit-il, je
connois un jeune homme qui eſt un Céſar. Il ſera de la partie, & vous pourrez alors vous repoſer hardiment ſur
une pareille eſcorte.

Je ne ſçavois que dire à ce nouvel
ami pour le remercier, tant j'étois charmé de ſon zèle. Enfin, j'acceptai les ſecours qu'il m'offroit, & nous donnant
rendez-vous ſous le balcon de Violante
à l'entrée de la nuit, nous nous ſéparâmes. Il alla trouver ſon beaufrere qui
étoit le Céſar en queſtion ; & moi, je
me promenai juſqu'au ſoir avec Lamé-
la, qui bien qu'étonné de l'ardeur avec
laquelle Don Baltazar entroit dans mes
intérêts, ne s'en défia pas plus que moi.
Nous donnions tête baiſſée dans le pan-
neau. Je conviens que cela n'étoit guére
pardonnable à des gens comme nous.
Quand je jugeai qu'il étoit tems de me
preſenter devant les fenêtres de Violante, Ambroiſe & moi nous y parû-
mes armez de bonnes rapiéres. Nous y
trouvâmes le mari de ma Dame avec un
autre

autre homme. Ils nous attendoient de pied ferme. Don Baltazar m'aborda, & me montrant fon beaufrere, il me dit : Seigneur, voici le Cavalier dont je vous ai tantôt vanté la bravoure. Introduifez-vous chez votre Maîtreffe, & qu'aucune inquiétude ne vous empêche de joüir d'une parfaite félicité.

Après quelques complimens de part & d'autre, je frapai à la porte de Violante. Une efpéce de Duegne vint ouvrir. J'entrai, & fans prendre garde à ce qui fe paffoit derriére moi, je m'avançai dans une falle où étoit cette Dame. Pendant que je la faluois, les deux traîtres qui m'avoient fuivi dans la maifon, & qui en avoient fermé la porte fi brufquement après eux, qu'Ambroife étoit refté dans la ruë, fe découvrirent. Vous vous imaginez bien qu'il en fallut alors découdre. Ils me chargérent tous deux en même-tems : mais je leur fis voir du Païs. Je les occupai l'un & l'autre, de maniére qu'ils fe repentirent peut-être de n'avoir pas pris une voïe plus fûre pour fe venger. Je perçai l'époux. Son beaufrere le voyant hors de combat, gagna la porte que la Duegne & Violante avoient ouverte

pour

pour se sauver, tandis que nous nous battions. Je le poursuivis jusques dans la ruë, où je rejoignis Lamela, qui n'ayant pû tirer un seul mot des femmes qu'il avoit vû fuir, ne sçavoit précisément ce qu'il devoit juger du bruit qu'il venoit d'entendre. Nous retournâmes à notre Auberge. Nous prîmes ce que nous y avions de meilleur, & montant sur nos mules, nous sortîmes de la Ville, sans attendre le jour.

Nous comprîmes bien que cette affaire pourroit avoir des suites, & qu'on feroit dans Toléde des perquisitions que nous n'avions pas tort de prévenir. Nous allâmes coucher à Villarubia: Nous logeâmes dans une Hôtellerie, où quelque tems après nous, il arriva un Marchand de Toléde, qui alloit à Ségorbe. Nous soupâmes avec lui. Il nous conta l'avanture tragique du mari de Violante, & il étoit si éloigné de nous soupçonner d'y avoir part, que nous lui fîmes hardiment toutes sortes de questions. Messieurs, nous dit-il, comme je partois ce matin, j'ai apris ce triste événement. On cherchoit par-tout Violante, & l'on m'a dit que le Corrégidor, qui est parent de Don Baltazar, a résolu de ne

rien

rien épargner pour découvrir les auteurs
de ce meurtre. Voilà tout ce que je
sçai.

Je ne fus guére allarmé des recherches du Corrégidor de Toléde. Cependant je formai la résolution de sortir
promptement de la Castille nouvelle. Je
fis réfléxion que Violente retrouvée
avouëroit tout ; & que sur le portrait
qu'elle feroit de mà personne à la Justice, on mettroit des gens à mes trous-
fes. Cela fut cause que dès le jour suivant, nous évitâmes le grand chemin par
précaution. Heureusement Lamela con-
noisoit les trois quarts de l'Espagne, &
sçavoit par quels détours nous pouvions
sûrement nous rendre en Aragon. Au
lieu d'aller tout droit à Cuença, nous
nous engageâmes dans les montagnes
qui sont devant cette Ville , & par des
sentiers qui n'étoient pas inconnus à
mon guide , nous arrivâmes devant une
grotte qui me parut avoir tout l'air d'un
hermitage. Effectivement c'étoit celui
où vous êtes venu hier au soir me demander un azyle.

Pendant que j'en considérois les environs qui offroient à ma vûë un païs-
fage des plus charmans, mon compagnon
me

me dit : Il y a six ans que je passai par
ici. Dans ce tems-là cette grotte ser-
voit de retraite à un vieil Hermite, qui
me reçut charitablement. Il me fit part
de ses provisions. Je me souviens que
c'étoit un saint homme, & qu'il me tint
des discours qui pensérent me détacher
du monde. Il vit peut-être encore. Je
vais m'en éclaircir. En achevant ces
mots, le curieux Ambroise descendit
de dessus sa mule, & entra dans l'Hermitage. Il y demeura quelques momens. Puis il revint ; & m'apellant:
Venez, me dit-il, Don Raphaël,
venez voir une chose très-touchante.
Je mis aussi-tôt pied à terre. Nous at-
tachâmes nos mules à des arbres, &
je suivis Lamela dans la grotte, où
j'aperçus sur un grabat un vieil Anachorette tout étendu, pâle, & mourant. Une barbe blanche & fort épaisse
lui couvroit l'estomach, & l'on voyoit
dans ses mains jointes un grand rosaire
entrelassé. Au bruit que nous fimes en
nous aprochant de lui, il ouvrit des
yeux que la mort déja commençoit à
fermer ; & après nous avoir envisagez un
instant : *Qui que vous soyez*, nous
dit-il, *mes Freres, profitez du spectacle*
qui

qui se presente à vos regards. *J'ai passé*
quarante années dans le monde & soi-
xante dans cette solitude. Ah ! qu'en ce
moment le tems que j'ai donné à mes plai-
firs me paroît long , & qu'au contraire ce-
lui que j'ai consacré à la pénitence me sem-
ble court ! Hélas , je crains que les austé-
ritez de Frere Juan n'ayant pas assez ex-
pié les péchez du Licencié Don Juan de
Solis.

Il n'eut pas achevé ces mots , qu'il
expira. Nous fûmes frapez de cette
mort. Ces sortes d'objets font toûjours
quelque impression sur les plus grands
libertins mêmes. Mais nous n'en fûmes
pas long-tems touchez; nous oubliâmes
bien-tôt ce qu'il venoit de nous dire ,
& nous commençâmes à faire un inven-
taire de tout ce qui étoit dans l'Hermitage. Ce qui ne nous occupa pas infini-
ment ; tous les meubles confistant dans
ceux que vous avez pû remarquer dans
la Grotte. Le Frere Juan n'étoit pas feulement mal meublé , il avoit encore une
très-mauvaise cuifine ; nous ne trouvâmes chez lui pour toutes provifions que
des noifettes & quelques grignons de
pain d'orge fort durs , que les gencives
du faint homme n'avoient aparemment

Tome II.   B b   pû

pû broyer. Je dis ses gencives, car nous remarquâmes que toutes les dents lui étoient tombées. Tout ce que cette demeure solitaire contenoit, tout ce que nous confidérions, nous faisoit regarder ce bon Anachorette comme un Saint. Une chose nous choqua; nous ouvrîmes un papier plié en forme de Lettre qu'il avoit mis sur une table, & par lequel il prioit la personne qui liroit ce Billet, de porter son rosaire & ses sandales à l'Evêque de Cuença. Nous ne fçavions dans quel esprit ce nouveau Pere du desert pouvoit avoir envie de faire un pareil present à son Evêque; cela nous sembloit blesser l'humilité, & nous paroissoit d'un homme qui vouloit trancher du bienheureux; peut-être aussi n'y avoit-il là-dedans que de la simplicité; c'est ce que je ne déciderai point.

En nous entretenant là-dessus, il vint une idée assez plaisante à Lamela. Demeurons, me dit-il, dans cet Hermitage; déguisons-nous en Hermites; enterrons le frere Juan: vous passerez pour lui, & moi, sous le nom de frere Antoine j'irai quêter dans les Villes & les Bourgs voisins. Outre que nous serons

rons

rons à couvert des perquifitions du Corrégidor , car je ne penfe pas qu'on s'a-
vife de nous venir chercher ici , j'ai à
Cuença de bonnes connoiffances que
nous pourrons entretenir. J'aprouvai
cette bizarre imagination , moins pour
les raifons qu'Ambroife me difoit , que
par fantaifie & comme pour joüer un
rôle dans une piéce de Théâtre. Nous
fimes une foffe à trente ou quarante pas
de la Grotte , & nous enterrâmes mo-
deftement le vieil Anachorette , après
l'avoir dépoüillé de fes habits , c'eft-à-
dire d'une fimple robe que noüoit par
le milieu une ceinture de cuir. Nous
lui coupâmes auffi la barbe pour m'en
faire une poftiche ; & enfin après fes
funérailles nous prîmes poffeffion de
l'Hermitage.

Nous fimes fort mauvaife chére le
premier jour ; il nous fallut vivre des
provifions du défunt ; mais le lendemain avant le lever de l'aurore , Lamela fe mit en campagne avec les deux
mules qu'il alla vendre à Toralva , &
le foir il revint chargé de vivres & d'autres chofes qu'il avoit achetées ; il en
aporta tout ce qui étoit néceffaire pour
nous traveftir. Il fe fit lui-même une

robe

robe de bure & une petite barbe rouſſe
de crins de cheval , qu'il s'attacha ſi ar-
tiſtement aux oreilles , qu'on eut juré
qu'elle étoit naturelle. Il n'y a point de
garçon au monde plus adroit que lui ; il
treſſa auſſi la barbe du Frere Juan ; il
me l'apliqua , & mon bonnet de laine
brune achevoit de couvrir l'artifice ; on
peut dire que rien ne manquoit à notre
déguiſement. Nous nous trouvions l'un
& l'autre ſi plaiſamment équipez , que
nous ne pouvions ſans rire nous regarder ſous ces habits , qui véritablement
ne nous convenoient guére. Avec la robe du Frere Juan , j'avois ſon roſaire &
ſes ſandales , dont je ne me fis pas un
ſcrupule de priver l'Evêque de Cuença.

Il y avoit déja trois jours que nous
étions dans l'Hermitage , ſans y avoir
vû paroître perſonne ; mais le quatriéme , il entra dans la Grotte deux païf-
ſans ; ils aportoient du pain , du fromage
& des oignons au défunt qu'ils croyoient
encore vivant. Je me jettai ſur notre
grabat , dès que je les aperçus , & il
ne me fut pas difficile de les tromper.
Outre qu'on ne voyoit point aſſez pour
pouvoir bien diſtinguer mes traits , j'i-
mitai le mieux que je pus , le ſon de la
voix

voix du Frere Juan , dont j'avois entendu les derniéres paroles. Ils n'eurent
aucun foupçon de cette fupercherie , ils
parurent feulement étonnez de rencon-
trer-là un autre Hermite ; mais Lamela
remarquant leur furprife , leur dit d'un
air hypocrite : Mes Freres ne foyez pas
furpris de me voir dans cette folitude ;
j'ai quitté un Hermitage que j'avois en
Arragon , pour venir ici tenir compagnie au vénérable & difcret Frere Juan,
qui , dans l'extrême vieilleffe où il eft ,
a befoin d'un camarade qui puiffe pour-
voir à fes befoins. Les Païfans donnérent à la charité d'Ambroife des loüanges infinies , & témoignérent qu'ils
étoient bien-aifes de pouvoir fe vanter
d'avoir deux faints perfonnages dans
leur contrée.

Lamela chargé d'une grande beface ,
qu'il n'avoit pas oublié d'acheter , alla
pour la premiére fois quêter dans la Ville
de Cuença , qui n'eft éloignée de l'Hermitage que d'une petite lieuë. Avec l'extérieur pieux qu'il a reçû de la nature &
l'art de le faire valoir qu'il poffède au
fuprême degré , il ne manqua pas d'exciter les perfonnes charitables à lui
faire l'aumône ; il remplit fa beface de

leurs libéralitez. Monfieur Ambroife, lui dis-je à fon retour, je vous félicite de l'heureux talent que vous avez pour attendrir les ames Chrétiennes. Vive Dieu, l'on diroit que vous avez été Frere Quêteur chez les Capucins. J'ai fait bien autre chofe que remplir mon biffac, me répondit-il : Vous fçaurez que j'ai déterré certaine Nymphe apellée Barbe, que j'aimois autrefois ; je l'ai trouvée bien changée; elle s'eft mife comme nous dans la dévotion ; elle demeure avec deux ou trois autres Béates qui édifient le monde en public & ménent une vie fcandaleufe en particulier ; elle ne me reconnoiffoit pas d'abord : Comment donc, lui ai-je dit, Madame Barbe, eft-il poffible que vous ne remettiez point un de vos anciens amis, votre ferviteur Ambroife ? Par ma foi, Seigneur de Lamela, s'eft-elle écriée, je ne me ferois jamais attenduë à vous revoir fous les habits que vous portez. Par quelle avanture êtes-vous devenu Hermite ? C'eft ce que je ne puis vous raconter prefentement, lui ai-je reparti, le détail eft un peu long ; mais je viendrai demain au foir fatisfaire votre curiofité ; de plus, je vous amenerai le
Frere

Frere Juan mon compagnon. Le Frere
Juan, a-t-elle inrerrompu, ce bon Hermite qui a un Hermitage auprès de cette
Ville ? Vous n'y penfez pas ; on dit qu'il
a plus de cent ans. Il eft vrai, lui ai-je
dit, qu'il a eu cet âge-là ; mais il a bien
rajeuni depuis quelques jours, il n'eft
pas plus vieux que moi. Hé bien qu'il
vienne avec vous, a repliqué Barbe ; je
vois bien qu'il y a du myftére là-def-
fous.

    Nous ne manquâmes pas le lende-
main, dès qu'il fut nuit, d'aller chez ces
Bigotes, qui pour nous mieux recevoir
avoient préparé un grand repas. Nous
ôtâmes d'abord nos barbes & nos habits d'Anachorettes, & fans façon nous
fimes connoître à ces Princeffes qui
nous étions. De leur côté, de peur de
demeurer en refte de franchife avec
nous, elles nous montrérent de quoi
font capables de fauffes dévotes, quand
elles banniffent la grimace. Nous paffâmes prefque toute la nuit à table, &
nous ne nous retirâmes à notre Grotte
qu'un moment avant le jour. Nous y
retournâmes bien-tôt après, ou pour
mieux dire, nous fimes la même chofe
pendant trois mois, & nous mangeâmes

avec

avec ces Créatures plus des deux tiers de
nos efpéces. Mais un jaloux qui a tout
découvert, en a informé la Juftice, qui
doit aujourd'hui fe tranfporter à l'Hermitage pour fe faifir de nos perfonnes.
Hier Ambroife en quêtant à Cuença rencontra une de nos Béates qui lui donna
un Billet & lui dit : Une femme de mes
amies m'écrit cette Lettre que j'allois
vous envoyer par un homme exprès ;
montrez-là au Frere Juan, & prenez
vos mefures là-deffus. C'eft ce Billet',
Meffieurs, que Lamela m'a mis entre
les mains devant vous, & qui nous a
fi brufquement fait quitter notre demeure folitaire.

CHAPITRE II.

Du confeil que Don Raphaël & fes au-
diteurs tinrent enfemble, & de l'avan-
ture qui leur arriva lorfqu'ils voulurent
fortir du bois.

QUand Don Raphaël eut achevé de
conter fon hiftoire, dont le recit
me parut un peu long, Don Alphonfe
par politeffe lui témoigna qu'elle l'avoit
fort

fort diverti. Après cela , le Seigneur Ambroife prit la parole , & l'adreffant au compagnon de fes exploits, Don Raphaël , lui dit-il , fongez que le Soleil fe couche. Il feroit à propos ce me femble , de délibérer fur ce que nous avons à faire. Vous avez raifon , lui répondit fon camarade , il faut déterminer l'endroit où nous voulons aller. Pour moi, reprit Lamela , je fuis d'avis que nous nous remettions en chemin fans perdre de tems , que nous gagnions Requéna cette nuit , & que demain nous entrions dans le Royaume de Valence où nous donnerions l'effor à notre induftrie. Je preffens que nous y ferons de bons coups. Son Confrére qui croyoit là-deffus fes preffentimens infaillibles , fe rangea de fon opinion. Pour Don Alphonfe & moi, comme nous nous laiffions conduire par ces deux honnêtes gens, nous attendîmes , fans rien dire, le réfultat de la conférence.

Il fut donc réfolu que nous prendrions la route de Requéna, & nous commençâmes à nous y difpofer. Nous fimes un repas femblable à celui du matin ; puis nous chargeâmes le cheval de l'outre & du refte de nos provifions ; enfuite

fuite la nuit qui furvint nous prêtant
l'obfcurité dont nous avions befoin pour
marcher fûrement, nous voulûmes fortir du bois ; mais nous n'eûmes pas fait
cent pas, que nous découvrîmes entre
les arbres une lumiére qui nous donna
beaucoup à penfer. Que fignifie cela,
dit Don Raphaël ? Ne feroit ce point
les furets de la Juftice de Cuença qu'on
auroit mis fur nos traces, & qui nous
fentant dans cette forêt, nous y vien-
droient chercher ? Je ne le crois pas,
dit Ambroife, ce font plûtôt des voya-
geurs ; la nuit les aura furpris & ils feront entrez dans ce bois pour y attendre
le jour. Mais, ajouta-t'il, je puis me
tromper, je vais reconnoître ce que
c'eft ; demeurez ici tous trois, je ferai
de retour dans un moment. A ces mots,
il s'avance vers la lumiére qui n'étoit
pas fort éloignée, il s'en aproche à pas
de loup ; il écarte doucement les feüilles
& les branches qui s'opofent à fon paf-
fage, & regarde avec toute l'attention
que la chofe lui paroît mériter. Il vid
fur l'herbe, autour d'une chandelle qui
brûloit dans une motte de terre, trois
hommes affis, qui achevoient de manger un pâté & de vuider un affez gros
outre

outre qu'ils baifoient à la ronde. Il aperçût encore à quelques pas d'eux une
femme & un Cavalier attachez à des
arbres , & un peu plus loin une chaife
roulante avec deux mules richement ca-
paraçonnées. Il jugea d'abord que les
hommes affis devoient être des voleurs,
& les difcours qui leur entendit tenir ,
lui firent connoître qu'il ne fe trompoit
pas dans fa conjecture. Les trois brigands
faifoient voir une égale envie de pofféder la Dame qui étoit tombée entre leurs
mains , & ils parloient de la tirer au
fort. Lamela inftruit de ce que c'étoit :
vint nous rejoindre , & nous fit un fidelle raport de tout ce qu'il avoit vû
& entendu.

Meffieurs , dit alors Don Alphonfe ,
cette Dame & ce Cavalier que les voleurs ont attachez à des arbres , font
peut-être des perfonnes de la premiére
qualité. Souffrirons-nous que des brigands les faffent fervir de victimes à
leur barbarie & à leur brutalité ? croyez-
moi, chargeons ces bandits ; qu'ils tombent fous nos coups. J'y confens , dit
Don Raphaël; je ne fuis pas moins prêt
à faire une bonne action qu'une mauvaife. Ambroife de fon côté témoigna
qu'il

qu'il ne demandoit pas mieux que de
prêter la main à une entreprife fi loüable , & dont il prévoyoit , difoit-il ,
que nous ferions bien payez. J'ofe dire auffi qu'en cette occafion , le péril
ne m'épouventa point , & que jamais
aucun Chevalier errant ne fe montra
plus prompt au fervice des Demoifel-
les. Mais pour dire les chofes fans trahir la vérité , le danger n'étoit pas
grand ; car Lamela nous ayant raporté
que les armes des voleurs étoient toutes en un monceau à dix ou douze pas
d'eux , il ne nous fut pas fort difficile
d'exécuter notre deffein. Nous liâmes
notre cheval à un arbre , & nous nous
aprochâmes à petit bruit de l'endroit où
étoient les brigands. Ils s'entretenoient
avec beaucoup de chaleur & faifoient
un bruit qui nous aidoit à les furprendre. Nous nous rendîmes maîtres de
leurs armes , avant qu'ils nous découvriffent , puis tirant fur eux à bout-
portant , nous les étendîmes tous fur
la place.

Pendant cette expédition la chandelle s'éteignit , de forte que nous de-
meurâmes dans l'obfcurité. Nous ne
laiffâmes pas toutefois de délier l'homme.

me & la femme, que la crainte tenoit
faisis à un point, qu'ils n'avoient pas la
force de nous remercier de ce que nous
venions de faire pour eux. Il est vrai
qu'ils ignoroient encore s'ils devoient
nous regarder comme leurs libérateurs,
ou comme de nouveaux bandits qui ne
les enlevoient point aux autres pour les
mieux traiter. Mais nous les rassurâmes
en leur disant que nous allions les conduire jusqu'à une hôtellerie qu'Ambroise
soûtenoit être à une demie-lieuë de-là,
& qu'ils pourroient en cet endroit prendre toutes les précautions nécessaires
pour se rendre sûrement où ils avoient
affaire. Après cette assurance, dont ils
parurent très-satisfaits, nous les remîmes dans leur chaise ; & les tirâmes hors
du bois en tenant la bride de leurs mules.
Nos Anachorettes visitérent ensuite les
poches des vaincus. Puis nous allâmes
reprendre le cheval de Don Alphonse.
Nous prîmes aussi ceux des voleurs que
nous trouvâmes attachez à des arbres
auprès du champ de bataille. Puis em-
menant avec nous tous ces chevaux
nous suivîmes le Frere Antoine, qui
monta sur une des mules pour mener la
chaise à l'hôtellerie, où nous n'arrivâmes

vâmes pourtant que deux heures après,
quoi qu'il eût assuré qu'elle n'étoit pas
fort éloignée du bois.

Nous frapâmes rudement à la porte.
Tout le monde étoit déja couché dans
la maison. L'hôte & l'hôtesse se lévé-
rent à la hâte, & ne furent nullement
fâchez de voir troubler leur repos par
l'arrivée d'un équipage qui paroissoit
devoir faire chez eux beaucoup plus de
dépense qu'il n'en fit. Toute l'hôtellerie fut éclairée dans un moment. Don
Alphonse & l'illustre fils de Lucinde
donnérent la main au Cavalier & à la
Dame pour les aider à descendre de la
chaise ; ils leur servirent même d'é-
cuyers jusqu'à la chambre où l'hôte
les conduisit. Il se fit-là bien des complimens, & nous ne fûmes pas peu étonnez quand nous aprîmes que c'étoit le
Comte de Polan lui-même & sa fille
Séraphine que nous venions de délivrer.
On ne sçauroit dire quelle fut la surprise de cette Dame non plus que celle
de Don Alphonse, lorsqu'ils se recon-
nûrent tous deux. Le Comte n'y prit
pas garde, tant il étoit occupé d'autres choses. Il se mit à nous raconter
de quelle maniére les voleurs l'avoient
attaqué,

attaqué, & comment ils s'étoient faisis de sa fille & de lui, après avoir tué son postillon, un page & un valet de chambre. Il finit en nous disant qu'il sentoit vivement l'obligation qu'il nous avoit, & que si nous voulions l'aller trouver à Toléde où il seroit dans un mois, nous éprouverions s'il étoit ingrat ou reconnoissant.

La fille de ce Seigneur n'oublia pas de nous remercier aussi de son heureuse délivrance, & comme nous jugeâmes Raphaël & moi que nous ferions plaisir à Don Alphonse, si nous lui donnions le moyen de parler un moment en particulier à cette jeune veuve, nous y réüssimes en amusant le Comte de Polan. Belle Séraphine, dit tout bas Don Alphonse à la Dame, je cesse de me plaindre du sort qui m'oblige à vivre comme un homme banni de la société civile, puisque j'ai eu le bonheur de contribuer au service important qui vous a été rendu. Hé quoi, lui répondit-elle en soupirant, c'est vous qui m'avez sauvé la vie & l'honneur ! C'est à vous que nous sommes, mon pere & moi, si redevables ? Ah ! Don Alphonse, pourquoi avez-vous tué mon frere;

Elle

Elle ne lui en dit pas davantage ; mais il comprit affez par ces paroles & par le ton dont elles furent prononcées, que s'il aimoit éperduëment Séraphine, il n'en étoit guére moins aimé.

Fin du cinquiéme Livre.

HISTOIRE

HISTOIRE

DE

GIL BLAS

DE SANTILLANE.

LIVRE SIXIE'ME.

CHAPITRE I.

De ce que Gil Blas & ses Compagnons firent
après avoir quitté le Comte de Polan; du
projet important qu'Ambroise forma, &
de quelle maniére il fut exécuté.

E Comte de Polan après avoir
passé la moitié de la nuit à
nous remercier, & à nous assurer que nous pouvions comp-
ter sur sa reconnoissance, apella l'Hôte

pour le confulter fur les moyens de fe
rendre fûrement à Turis où il avoit deffein d'aller. Nous laiffâmes ce Seigneur
prendre fes mefures là-deffus. Nous fortîmes de l'Hôtellerie, & fuivîmes la route qu'il plût à Lamela de choifir.

Après deux heures de chemin, le jour
nous furprit auprès de Campillo. Nous
gagnâmes promptement les montagnes
qui font entre ce Bourg & Requéna.
Nous y paffâmes la journée à nous repofer, & à compter nos finances, que l'argent des voleurs avoit fort augmentée ;
car on avoit trouvé dans leurs poches
plus de trois cens piftoles. Nous nous
remîmes en marche au commencement
de la nuit, & le lendemain matin nous
entrâmes dans le Royaume de Valence.
Nous nous retirâmes dans le premier
bois qui s'offrit à nos yeux. Nous nous
y enfonçâmes, & nous arrivâmes à un
endroit où couloit un ruiffeau d'une on-
de criftaline, qui alloit joindre lentement
les eaux du Guadalaviar. L'ombre que
les arbres nous prêtoient, & l'herbe que
le lieu fourniffoit abondamment à nos
chevaux, nous auroient déterminez à
nous y arrêter, quand nous n'aurions pas
été dans cette réfolution.

Nous

Nous mîmes donc là pied à terre, &
nous nous difposions à paffer la journée
fort agréablement : mais lorfque nous
voulûmes déjeûner, nous nous aperçûmes qu'il nous reftoit très-peu de vivres.
Le pain commençoit à nous manquer, &
notre outre étoit devenu un corps fans
ame. Meffieurs, nous dit Ambroife, les
plus charmantes retraites ne me plaifent
guéres fans Bacchus & fans Cerés. Il faut
renouveller nos provifions. Je vais pour
cet effet à Xelva. C'eft une affez belle
Ville, qui n'eft qu'à deux lieuës d'ici.
J'aurai bien-tôt fait ce petit voyage. En
parlant de cette forte, il chargea un cheval de l'outre & de la beface, monta deffus, & fortit du bois avec une vîteffe qui
promettoit un prompt retour.

Il ne revint pourtant pas fi-tôt qu'il
nous l'avoit fait efpérer. Plus de la moitié du jour s'écoula ; la nuit même déja
s'aprêtoit à couvrir les arbres de fes
aîles noires, quand nous revîmes notre
pourvoyeur, dont le retardement commençoit à nous donner de l'inquiétude.
Il trompa notre attente par la quantité
de chofes dont il revint chargé. Il apor-
toit non-feulement l'outre plein d'un vin
excellent, & la beface remplie de pain &

de

de toute forte de gibier rôti ; il y avoit
encore fur fon cheval un gros pacquet de
hardes que nous regardâmes avec beaucoup d'attention. Il s'en aperçût, &
nous dit en foûriant : Je le donne à Don
Raphaël, & à toute la terre enfemble à
deviner pourquoi, j'ai acheté ces har-
des-là. En difant ces paroles, il défit le
paquet, pour nous montrer en détail ce
que nous confidérions en gros. Il nous
fit voir un manteau, & une robe noire
fort longue ; deux pourpoints avec leurs
haut-de-chauffes ; une de ces écritoires
compofées de deux piéces liées par un
cordon, & dont le cornet eft féparé de
l'étui où l'on met les plumes ; une main
de beau papier blanc ; un cadenat, avec
un gros cachet, & de la cire verte ; &
lorfqu'il nous eût enfin exhibé toutes fes
emplettes, Don Raphaël lui dit en plai-
fantant : Vive Dieu, Monfieur Ambroife, il faut avoüer que vous avez fait-
là un bon achat. Quel ufage, s'il vous
plaît, en prétendez-vous faire ? Un admirable, répondit Lamela. Toutes ces
chofes ne m'ont coûté que dix doublons,
& je fuis perfuadé que nous en retire-
rons plus de cinq cens. Comptez là-
deffus. Je ne fuis pas homme à me charger

ger de nipes inutiles ; & pour vous prouver que je n'ai point acheté tout cela comme un fot, je vais vous communiquer un projet que j'ai formé.

Après avoir fait ma provifion de pain, pourfuivit-il, je fuis entré chez un Rotiffeur, où j'ai ordonné qu'on mît à la broche fix perdrix, autant de poulets & de lapreaux. Tandis que ces viandes cuifoient, il arrive un homme en colére, & qui fe plaignant hautement des maniéres d'un Marchand de la ville à fon égard, dit au Rotiffeur : Par faint Jacques, Samuël Simon eft le Marchand de Xelva le plus ridicule. Il vient de me faire un affront en pleine boutique. Le ladre n'a pas voulu me faire crédit de fix aunes de drap. Cependant il fçait bien que je fuis un artifan folvable, & qu'il n'y a rien à perdre avec moi. N'admirez-vous pas cet animal ? Il vend volontiers à crédit aux perfonnes de qualité. Il aime mieux hazarder avec eux, que d'obliger un honnête Bourgeois, fans rien rifquer. Quelle manie ! le maudit Juif, puiffe-t'il y être attrapé ! Mes fouhaits feront accomplis quelque jour. Il y a bien des Marchands qui m'en répondroient.

En.

En entendant parler ainſi cet Artiſan, qui a dit beaucoup d'autres choſes encore, j'ai eu je ne ſçai quel preſſentiment, que je friponnerai ce Samuël Simon. Mon ami, ai-je dit à l'homme qui ſe plaignoit de ce Marchand, de quel caractére eſt ce perſonnage dont vous parlez? D'un très-mauvais caractére, a-t'il répondu bruſquement. Je vous le donne pour un uſurier tout des plus vifs, quoi qu'il affecte les allûres d'un homme de bien ; c'eſt un Juif qui s'eſt fait Catholique : mais dans le fonds de l'ame il eſt encore Juif comme Pilate ; car on dit qu'il a fait abjuration par intérêt.

J'ai prêté une oreille attentive à tous les diſcours de l'Artiſan, & je n'ai pas manqué, au ſortir de chez le Rotiſſeur, de m'informer de la demeure de Samuël Simon. Une perſonne me l'enſeigne. On me la montre. Je parcours des yeux ſa boutique. J'examine tout, & mon imagination, prompte à m'obéïr, enfante une fourberie que je digére, & qui me paroît digne du valet du Seigneur Gil Blas. Je vais à la friperie, où j'achete ces habits que j'aporte, l'un pour joüer le rôle d'Inquiſiteur, l'autre pour repreſenter un Greffier, & le troiſiéme enfin

pour

pour faire le perſonnage d'un Alguazil.

Ah ! mon cher Ambroiſe, interrompit en cet endroit Don Raphaël tout tranſporté de joïe ! la merveilleuſe idée! le beau plan ! Je ſuis jaloux de l'invention. Je donnerois volontiers les plus grands traits de ma vie pour un effort d'eſprit ſi heureux : Oüi, Lamela, pourſuivit-il, je vois, mon ami, toute la richeſſe de ton deſſein, & l'exécution ne doit pas t'inquiéter. Tu as beſoin de deux bons Acteurs qui te ſecondent. Ils ſont tout trouvez. Tu as un air de Béat ; tu feras fort bien l'Inquiſiteur. Moi, je repreſenterai le Greffier, & le Seigneur Gil Blas, s'il lui plaît, jouëra le rôle de l'Alguazil. Voilà, continua-t'il, les perſonnages diſtribuez ; demain nous jouërons la Piéce, & je réponds du ſuccès, à moins qu'il n'arrive quelqu'un de ces contre-tems, qui confondent les deſſeins les mieux concertez.

Je ne concevois encore que très-confuſément le projet que Don Raphaël trouvoit ſi beau : mais on me mit au fait en ſoupant, & le tour me parût ingénieux. Après avoir expédié une partie du gibier, & fait à notre outre une copieuſe ſaignée, nous nous étendîmes ſur l'herbe, l'herbe, & nous fumes bien-tôt endormis. Debout, debout, s'écria le Seigneur Ambroise à la pointe du jour! Des gens qui ont une grande entreprise à exécuter ne doivent pas être paresseux. Malpeste, Monsieur l'Inquisiteur, lui dit Don Raphaël en se réveillant, que vous êtes alerte! Cela ne vaut pas le diable pour Monsieur Samuël Simon. J'en demeure d'accord, reprit Lamela. Je vous dirai de plus, ajoûta-t'il en riant, que j'ai rêvé cette nuit que je lui arrachois des poils de la barbe. N'est-ce pas-là un vilain songe pour lui, Monsieur le Greffier ? Ces plaisanteries furent suivies de mille autres, qui nous mirent tous de belle humeur. Nous déjeûnâmes gayement, & nous nous disposâmes ensuite à faire nos personnages. Ambroise se revêtit de la longue robe & du manteau ; de sorte qu'il avoit tout l'air d'un Commissaire du Saint Office. Nous nous habillâmes aussi Don Raphaël & moi, de façon que nous ne ressemblions point mal aux Greffiers & aux Alguazils. Nous employâmes bien du tems à nous déguiser, & il étoit plus de deux heures après midi, lorsque nous sortîmes du bois pour nous rendre à Xelva. Il est vrai.

vrai que rien ne nous preſſoit, & que
nous devions ne commencer la comédie
qu'à l'entrée de la nuit. Auſſi nous n'allâmes qu'au petit pas, & nous nous arré-
tâmes aux portes de la Ville pour y attendre la fin du jour.

Dès qu'elle fut arrivée, nous laiſſâmes
nos chevaux dans cet endroit ſous la garde de Don Alphonſe, qui ſe ſçut bon gré
de n'avoir point d'autre rôle à faire. Don
Raphaël, Ambroiſe & moi, nous allâmes
d'abord, non chez Samuël Simon, mais
chez un Cabaretier qui demeuroit à deux
pas de ſa maiſon. Monſieur l'Inquiſiteur
marchoit le premier. Il entre, & dit gravement à l'Hôte : Maître ; je voudrois
vous parler en particulier. L'Hôte nous
mena dans une ſalle, où Lame la le voïant
ſeul avec nous, lui dit : Je ſuis Commiſ-
ſaire du Saint Office, & je viens ici pour
une affaire très-importante. A ces paroles, le Cabaretier pâlit, & répondit d'une
voix tremblante, qu'il ne croyoit pas
avoir donné ſujet à la ſainte Inquiſition de
ſe plaindre de lui. Auſſi, reprit Ambroiſe
d'un air doux, ne ſonge-t'elle point à
vous faire de la peine. A Dieu ne plaiſe
que trop prompte à punir, elle confonde
le crime avec l'innocence; elle eſt ſévére,

Tome II.   D d   mais

mais toûjours jufte. En un mot, pour
éprouver fes châtimens, il faut les avoir
méritez. Ce n'eft donc pas vous qui m'a-
menez à Xelva. C'eft un certain Marchand qu'on apelle Samuël Simon. Il
nous a été fait de lui un très-mauvais ra-
ports. Il eft, dit-on, toûjours Juif, & il
n'a embraffé le Chriftianifme que par dès
motifs purement humains. Je vous ordonne de la part du Saint Office de me
dire ce que vous fçavez de cet homme-là.
Gardez-vous, comme fon voifin, & peut-
être fon ami, de vouloir l'excufer; car, je
vous le déclare, fi j'aperçois dans votre
témoignage le moindre ménagement,
vous êtes perdu vous-même. Allons,
Greffier, pourfuivit-il en fe tournant
vers Raphaël, faites votre devoir.

Monfieur le Greffier qui déja tenoit à
la main fon papier & fon écritoire, s'affit
à une table, & fe prépara de l'air du monde le plus férieux à écrire la dépofition de
l'Hôte, qui de fon côté protefta qu'il ne
trahiroit point la vérité. Cela étant, lui
dit le Commiffaire Inquifiteur, nous n'a-
vons qu'à commencer. Répondez feulement à mes queftions, je ne vous en demande pas davantage. Voyez-vous Samuël Simon fréquenter les Eglifes ? C'eft

à

à quoi je n'ai pas pris garde, dit le Cabaretier. Je ne me fouviens pas de l'avoir
vû à l'Eglife. Bon, s'écria l'Inquifiteur,
écrivez qu'on ne le voit jamais dans les
Eglifes. Je ne dis pas cela, Monfieur le
Commiffaire, repliqua l'Hôte. Je dis feulement que je ne l'ai point vû. Il peut être
dans une Eglife où je ferai, fans que je
l'aperçoive. Mon ami, reprit Lamela,
vous oubliez qu'il ne faut point dans votre interrogatoire excufer Samuël Simon.
Je vous en ai dit les conféquences. Vous
ne devez dire que des chofes qui foient
contre lui, & pas un mot en fa faveur.
Sur ce pied-là, Seigneur Licencié, repartit l'Hôte, vous ne tirerez pas grand fruit
de ma dépofition. Je ne connois point le
Marchand dont il s'agit ; je n'en puis dire
ni bien ni mal : mais fi vous voulez fçavoir comment il vit dans fon domeftique, je vais apeller Gafpard fon garçon,
que vous interrogerez. Ce garçon vient
ici quelquefois boire avec fes amis. Quelle langue ! Il vous dira toute la vie de fon
Maître, & donnera fur ma parole de l'occupation à votre Greffier.

J'aime votre franchife, dit alors Ambroife, & c'eft témoigner du zèle pour
le faint Office, que de m'enfeigner un
homme

homme inſtruit des mœurs de Simon.
J'en rendrai compte à l'Inquiſition. Hâtez-vous donc, continua-t'il, d'aller chercher ce Gaſpard dont vous parlez : mais
faites les choſes diſcrettement ; que ſon
Maître ne ſe doute point de ce qui ſe paſſe. Le Cabaretier s'acquita de ſa commiſſion avec beaucoup de ſecret & de
diligence. Il amena le garçon Marchand.
C'étoit un jeune homme des plus babil-
lards, & tel qu'il nous le falloit. Soyez le
bien venu, mon enfant, lui dit Lamela.
Vous voyez en moi un Inquiſiteur nommé par le Saint Office pour informer
contre Samuël Simon, que l'on accuſe de
judaïſer. Vous demeurez chez lui ; par
conſéquent vous êtes témoin de la plûpart de ſes actions. Je ne crois pas qu'il
ſoit néceſſaire de vous avertir que vous
êtes obligé de déclarer ce que vous ſçavez de lui, quand je vous l'ordonnerai de
la part de la ſainte Inquiſition. Seigneur
Licencié, répondit le garçon Marchand,
je ſuis tout prêt à vous contenter là-deſſus, ſans que vous me l'ordonniez de la
part du Saint Office. Si l'on mettoit mon
Maître ſur mon chapitre, je ſuis perſuadé qu'il ne m'épargneroit point. Ainſi je
ne le ménagerai pas non plus, & je vous
dirai

dirai prémiérement que c'eft un fournois dont il eft impoffible de déméler les mouvemens; un homme qui affecte tous les dehors d'un faint perfonnage, & qui dans le fonds n'eft nullement vertueux. Il va tous les foirs chez une petite grifette.... Je fuis bien aife d'aprendre cela, interrompit Ambroife ; & je vois par ce que vous me dites que c'eft un homme de mauvaifes mœurs : mais répondez précifément aux queftions que je vais vous faire. C'eft particuliérement fur la Religion que je fuis chargé de fçavoir quels font fes fentimens. Dites-moi, mangez-vous du porc dans votre maifon ? Je ne penfe pas, répondit Gafpard, que nous en ayons mangé deux fois depuis une année que j'y demeure. Fort bien, reprit Monfieur l'Inquifiteur, écrivez, Greffier, qu'on ne mange jamais de porc chez Samuël Simon. En récompenfe, continua-t'il, on y mange fans doute quelquefois de l'agneau. Oüi, quelquefois, repartit le garçon; nous en avons par exemple mangé un aux derniéres Fêtes de Pâques. L'époque eft heureufe, s'écria le Commiffaire ; écrivez, Greffier, que Simon fait la Pâque. Cela va le mieux du monde, & il me paroît que nous avons reçû de bons Mémoires.

Apprenez-moi encore, mon ami, poursuivit Lamela, si vous n'avez jamais vû
votre Maître caresser de petits enfans.
Mille fois, répondit Gaspard. Lorsqu'il
voit passer de petits garçons devant notre boutique, pour peu qu'ils soient jolis,
il les arrête & les flâte. Ecrivez, Greffier,
interrompit l'Inquisiteur, que Samuël Simon est violemment soupçonné d'atti-
rer chez lui les enfans des Chrétiens pour
les égorger. L'aimable Prosélyte! Oh,
oh, Monsieur Simon, vous aurez affaire
au Saint Office sur ma parole. Ne vous
imaginez pas qu'il vous laisse faire impunément vos barbares sacrifices. Courage, zèlé Gaspard, dit-il au garçon Marchand, déclarez tout. Achevez de faire
connoître que ce faux Catholique est attaché plus que jamais aux coutumes &
aux cérémonies des Juifs. N'est-il pas
vrai que dans la semaine vous le voyez
un jour dans une inaction totale? Non,
répondit Gaspard, je n'ai point remarqué celui-là. Je m'aperçois seulement
qu'il y a des jours où il s'enferme dans
son cabinet, & qu'il y demeure très-long-
tems. Hé! nous y voilà, s'écria le Commissaire, il fait le Sabbath, ou je ne suis
pas

pas Inquifiteur. Marquez, Greffier, marquez qu'il obferve religieufement le jeûne du Sabbath. Ah! l'abominable homme! Il ne me refte plus qu'une chofe à demander. Ne parle-t'il pas auffi de Jérufalem? Fort fouvent, repartit le gárçon. Il nous conte l'hiftoire des Juifs, & de quelle maniére fut détruit le Temple de Jérufalem. Juftement, reprit Ambroife; ne laiffez pas échaper ce trait-là, Greffier; écrivez en gros caractéres, que Samuël Simon ne refpire que la reftauration du Temple, & qu'il médite jour & nuit le rétabliffement de la Nation. Je n'en veux pas fçavoir davantage, & il eft inutile de faire d'autres queftions. Ce que vient de dépofer le véridique Gafpard, fuffiroit pour faire brûler toute une Juiverie.

Après que Monfieur le Commiffaire du Saint Office eût interrogé de cette forte le garçon Marchand, il lui dit qu'il pouvoit fe retirer : mais il lui ordonna de la part de la fainte Inquifition, de ne point parler à fon Maître de ce qui venoit de fe paffer. Gafpard promit d'obéïr, & s'en alla. Nous ne tardâmes guéres à le fuivre ; nous fortîmes de l'Hôtellerie auffi gravement que nous y étions en-

D d 4   trez,

trez, & nous allâmes fraper à la porte de
Samuël Simon. Il vint lui-même ouvrir ;
& s'il fût étonné de voir chez lui trois
figures comme les nôtres, il le fut bien
davantage quand Lamela, qui portoit la
parole, lui dit d'un ton impératif : Maître Samuël, je vous ordonne de la part
de la sainte Inquisition, dont j'ai l'honneur d'être Commissaire, de me donner
tout à l'heure la clef de votre Cabinet ; je
veux voir si je ne trouverai point de quoi
justifier les mémoires qui nous ont été
presentez contre vous.

Le Marchand, que ce discours déconcerta, fit deux pas en arriére comme si
on lui eût donné une bourrade dans l'es-
tomac. Bien loin de se douter de quelque supercherie de notre part, il s'imagina de bonne foi qu'un ennemi secret l'a-
voit voulu rendre suspect au Saint Office;
peut-être aussi que ne se sentant pas trop
bon Catholique, il avoit sujet d'apréhender une information. Quoi qu'il en
soit, je n'ai jamais vû d'homme plus troublé ; il obeït sans résistance, & avec tout
le respect que peut avoir un homme qui
craint l'Inquisition ; il nous ouvrit son
Cabinet : Du moins, lui dit Ambroise en
y entrant, du moins recevez-vous sans
rebellion

rebellion les ordres du Saint Office ; mais
ajouta-t'il , retirez-vous dans une autre
chambre, & me laiſſez librement remplir
mon emploi. Samuël ne ſe révolta pas
plus contre cet ordre , que contre le premier. Il ſe mit dans ſa Boutique , & nous
entrâmes tous trois dans ſon Cabinet, où
ſans perdre de tems nous nous mîmes à
chercher ſes eſpéces. Nous les trouvâmes ſans peine ; elles étoient dans un
coffre ouvert , & il y en avoit beaucoup
plus que nous n'en pouvions emporter ;
elles conſiſtoient en un grand nombre
de ſacs amoncelez , mais le tout en argent. Nous aurions mieux aimé l'or ;
cependant les choſes ne pouvant pas
être autrement , il fallut s'accommoder
à la néceſſité ; nous remplîmes nos poches de ducats ; nous en mîmes dans
nos chauſſes & dans tous les autres endroits que nous jugeâmes propres à les
receler ; enfin , nous en étions peſam-
ment chargez , ſans qu'il y parût , &
cela par l'adreſſe d'Ambroiſe , & par
celle de Don Raphaël , qui me firent
voir par-là qu'il n'eſt rien tel que de
ſçavoir ſon métier.

Nous ſortîmes du Cabinet , après y
avoir ſi bien fait notre main, & alors pour
une

une raifon que le Lecteur devinera fort
aifément, Monfieur l'Inquifiteur tira fon
cadenat, qu'il voulut attacher lui-même
à la porte ; enfuite il y mit le fcellé, puis
il dit à Simon : Maître Samuël, je vous
défends de la part de la fainte Inquifition de toucher à ce cadenat, de même
qu'à ce fceau que vous devez refpecter,
puifque c'eft le propre fceau du Saint
Office ; je reviendrai ici demain à la
même heure pour le lever, & vous aporter des ordres. A ces mots, il fit ouvrir la porte de la ruë, que nous enfilâmes joyeufement l'un après l'autre.
Dès que nous eûmes fait une cinquan-
taine de pas, nous commençâmes à
marcher avec tant de vîteffe & de le-
géreté, qu'à peine touchions-nous la
terre, malgré le fardeau que nous por-
tions. Nous fûmes bien-tôt hors de la
Ville ; & remontant fur nos chevaux,
nous les pouffâmes vers Ségorbe, en
rendant graces au Dieu Mercure d'un
fi heureux événement.

* § *

CHAPITRE

CHAPITRE II.

De la résolution que Don Alphonse &
Gil Blas prirent après cette
avanture.

NOus allâmes toute la nuit , selon
notre loüable coutume , & nous
nous trouvâmes au lever de l'Aurore,
auprès d'un petit Village à deux lieuës
de Ségorbe. Comme nous étions tous
fatiguez , nous quittâmes volontiers le
grand chemin pour gagner des saules
que nous aperçûmes au pied d'une col-
line à dix ou douze cens pas du Village , où nous jugeâmes à propos
de nous arrêter ; nous trouvâmes que
ces saules faisoient un agréable ombrage , & qu'un ruisseau lavoit le pied
de ces arbres. L'endroit nous plût , &
nous résolûmes d'y passer la journée.
Nous mîmes donc pied à terre ; nous
débridâmes nos chevaux pour les laisser paître , & nous nous couchâmes
sur l'herbe ; nous nous y reposâmes un
peu , ensuite nous achevâmes de vuider notre besace & notre outre. Après
un

un ample déjeûner , nous comptâmes
tout l'argent que nous avions pris à
Samuël Simon ; ce qui fe montoit à
trois mille ducats ; de forte qu'avec cet-
té fomme & celle que nous avions déja , nous pouvions nous vanter de n ê-
tre point mal en fonds.

Comme il falloit aller à la provifion,
Ambroife & Don Raphaël , après avoir
quitté leurs habits d'Inquifiteur & de
Greffier, dirent qu'ils vouloient fe charger de ce foin-là tous deux ; que l'avanture de Xelva ne faifoit que les mettre
en goût , & qu'ils avoient envie de fe
rendre à Ségorbe pour voir s'il ne fe
prefenteroit pas quelque occafion de
faire un nouveau coup. Vous n'avez,
ajouta le fils de Lucinde , qu'à nous
attendre fous ces faules , nous ne tar-
derons pas à vous revenir joindre. Seigneur Don Raphaël , m'écriai-je en
riant , dites-nous plûtôt de vous attendre fous l'orme. Si vous nous quittez ,
nous avons bien la mine de ne vous revoir de long-tems. Ce foupçon nous
offenfe, repliqua le Seigneur Ambroife ;
mais nous méritons que vous nous faf-
fiez cet outrage. Vous êtes excufables
de vous défier de nous , après ce que
                                    nous

nous avons fait à Valladolid, & de vous imaginer que nous ne ferions pas plus de fcrupule de vous abandonner , que les camarades que nous avons laiſſez dans cette Ville. Vous vous trompez pourtant ; les Confréres à qui nous avons fauſſé compagnie , étoient des perſonnes d'un fort mauvais caractére, & dont la ſociété commençoit à nous devenir infuportable. Il faut rendre cette juſtice aux gens de notre pro-feſſion , qu'il n'y a point d'aſſociez dans la vie civile que l'intérêt diviſe moins : mais quand il n'y a pas én-tre nous de conformité d'inclinations, notre bonne intelligence peut s'altérer comme celle du reſte des hommes. Ain-ſi , Seigneur Gil Blas , pourſuivit Le-méla , je vous prie vous & le Seigneur Don Alphonſe d'avoir un peu plus de confiance en nous , & de vous mettre l'eſprit en repos , ſur l'envie que nous avons Don Raphaël & moi d'aller à Ségorbe.

Il eſt bien aiſé , dit alors le fils de Lucinde, de leur ôter là-deſſus tout ſu-jet d'inquiétude ; ils n'ont qu'à demeu-rer maîtres de la caiſſe , ils auront en-tre leurs mains une bonne caution de notre

notre retour. Vous voyez , Seigneur
Gil Blas , ajouta-t'il , que nous allons d'a-
bord au fait : Vous ferez tous deux nan-
tis., & je puis vous affurer que nous partirons Ambroife & moi fans apréhender
que vous ne nous fouffliez ce précieux
nantiffement. Après une marque fi certaine de notre bonne foi, ne vous fierez-
vous pas entiérement à nous ? Oüi ,
Meffieurs , leur dis-je , & vous pouvez
prefentement faire tout ce qu'il vous
plaira. Ils partirent fur le champ chargez de l'outre & de la beface , & me
laifférent fous les faules avec Don Alphonfe , qui me dit après leur départ :
Il faut , Seigneur Gil Blas , il faut que
je vous ouvre mon cœur ; je me reproche d'avoir eu la complaifance de
venir jufqu'ici avec ces deux fripons.
Vous ne fçauriez croire combien de fois
je m'en fuis déja repenti. Hier au foir,
pendant que je gardois les chevaux, j'ai
fait mille réfléxions mortifiantes ; j'ai
penfé qu'il ne convient point à un jeune
homme qui a des principes d'honneur,
de vivre avec des gens auffi vicieux que
D. Raphaël & Lamela : que fi par malheur un jour , & cela peut fort bien arriver , le fuccès d'une fourberie eft tel

que

que nous tombions entre les mains de la
Juſtice, j'aurai la honte d'être puni avec
eux comme un voleur, & d'éprouver un
châtiment infame. Ces images s'offrent
ſans ceſſe à mon eſprit, & je vous avouërai que j'ai réſolu, pour n'etre plus complice des mauvaiſes actions qu'ils feront,
de me ſéparer d'eux pour jamais. Je ne
croi pas, continua t'il, que vous deſa-
prouviez mon deſſein. Non, je vous aſ-
ſûre, lui répondis-je, quoique vous
m'ayez vû faire le perſonnage d'Alguazil dans la comédie de Samuël Simon, ne
vous imaginez pas que ces ſortes de piéces ſoient de mon goût. Je prens le Ciel
à témoin qu'en joüant un ſi beau rôle,
je me ſuis dit à moi-même : Ma foi,
Monſieur Gil Blas, ſi la Juſtice venoit à
vous ſaiſir au collet preſentement, vous
mériteriez bien le ſalaire qui vous en reviendroit. Je ne me ſens donc pas plus
diſpoſé que vous, Seigneur Don Alphonſe, à demeurer en ſi bonne compagnie ;
& ſi vous le trouvez bon, je vous accom-
pagnerai. Quand ces Meſſieurs feront
de retour, nous leur demanderons à par-
tager nos finances, & demain matin, ou
dès cette nuit même nous prendrons
congé d'eux.

L'Amant

L'Amant de la belle Séraphine aprouva ce que je proposois. Gagnons, me dit-il, Valence, & nous nous embarquerons pour l'Italie, où nous pourrons nous engager au service de la République de Venise. Ne vaut-il pas mieux embrasser le parti des armes, que de mener la vie lâche & coupable que nous menons ? Nous ferons même en état de faire une assez bonne figure avec l'argent que nous aurons. Ce n'est pas, ajouta-t'il, que je me serve sans remords d'un bien si mal acquis : mais outre que la nécessité m'y oblige, si jamais je fais la moindre fortune dans la Guerre, je jure que je dédommagerai Samuël Simon. J'assurai Don Alphonse que j'étois dans les mêmes sentimens, & nous résolumes enfin de quitter nos camarades dès le lendemain avant le jour. Nous ne fûmes point tentez de profiter de leur absence, c'est-à-dire, de déménager sur le champ avec la caisse ; la confiance qu'ils nous avoient marquée, en nous laissant Maîtres des espéces, ne nous permit pas seulement d'en avoir la pensée.

Ambroise & Don Raphaël revinrent de Ségorbe sur la fin du jour. La premiére chose qu'ils nous dirent, fut que leur

voyage

voyage avoit été très-heureux ; qu'ils venoient de jetter les fondemens d'une
fourberie, qui, selon toutes les aparences, nous feroit encore plus utile que celle du foir précédent. Et là-deſſus le fils
de Lucinde voulut nous mettre au fait :
mais Don Alphonſe prit alors la parole,
& leur déclara qu'il étoit dans la réfolution de ſe féparer d'eux. Je leur apris de
mon côté que j'avois le même deſſein. Ils
firent vainement tout leur poſſible pour
nous engager à les accompagner dans
leurs expéditions. Nous prîmes congé
d'eux le lendemain matin, après avoir
fait un partage égal de nos eſpéces, &
nous tirâmes vers Valence.

CHAPITRE III.
& dernier.

Après quel desagréable incident Don Alphonse se trouva au comble de sa joye, & par quelle avanture Gil Blas se vit tout à coup dans une heureuse situation.

NOus poussâmes gayement jusqu'à Bunol, où par malheur il fallut nous arrêter. Don Alphonse tomba malade. Il lui prit une grosse fiévre avec des redoublemens, qui me firent craindre pour sa vie. Heureusement il n'y avoit point là de Médecins, & j'en fus quitte pour la peur. Il se trouva hors de danger au bout de trois jours, & mes soins achevérent de le rétablir. Il se montra très-sensible à tout ce que j'avois fait pour lui ; & comme nous nous sentions véritablement de l'inclination l'un pour l'autre, nous nous jurâmes une éternelle amitié.

Nous nous remîmes en chemin, toûjours résolus, quand nous serions à Valence, de profiter de la première occasion

fion qui s'offriroit de paſſer en Italie.
Mais le Ciel difpofa de nous autrement.
Nous vîmes à la porte d'un beau château des païſans de l'un & de l'autre
ſexe qui danſoient en rond & ſe réjoüiſ-
ſoient. Nous nous aprochâmes d'eux
pour voir leur fête , & Don Alphonſe
ne s'attendoit à rien moins qu'à la ſurpriſe dont il fut tout à coup ſaiſi. Il apperçût le Baron de Steinbach , qui de
ſon côté l'ayant reconnu , vint à lui les
bras ouverts , & lui dit avec tranſport:
Ah Don Alphonſe , c'eſt vous ! l'agréable rencontre ! pendant qu'on vous cherche par-tout , le hazard vous preſente à
mes yeux.

Mon compagnon deſcendit de cheval auſſi-tôt & courut embraſſer le Baron , dont la joye me parut immodé-
rée. Venez , mon fils , lui dit enſuite
ce bon vieillard , vous allez aprendre
qui vous êtes & joüir du plus heureux
ſort. En achevant ces paroles il l'em-
mena dans le château. J'y entrai auſſi
avec eux ; car tandis qu'ils s'étoient
embraſſez , j'avois mis pied à terre &
attaché nos chevaux à un arbre. Le
maître du château fut la premiére perſonne que nous rencontrâmes. C'étoit

un homme de cinquante ans & de très-bonne mine : Seigneur, lui dit le Baron de Steinbach en lui prefentant Don Alphonfe, vous voyez votre fils. A ces mots, Don Céfar de Leyva, ainfi fe nommoit le maître du Château, jetta fes bras au col de Don Alphonfe, & pleurant de joye : Mon cher fils, lui dit-il, reconnoiffez l'auteur de vos jours. Si je vous ai laiffé ignorer fi long-tems votre condition, croyez que je me fuis fait en cela une cruelle violence. J'en ai mille fois foupiré de douleur, mais je n'ai pû faire autrement. J'avois époufé votre mere par inclination ; elle étoit d'une naiffance fort inférieure à la mienne. Je vivois fous l'autorité d'un pere dur qui me réduifoit à la néceffité de tenir fecret un mariage contracté fans fon aveu. Le Baron de Steinbach feul étoit dans ma confidence, & c'eft de concert avec moi qu'il vous a élevé. Enfin mon pere n'eft plus & je puis déclarer que vous êtes mon unique héritier. Ce n'eft pas tout, ajouta-t'il, je vous marie avec une jeune Dame dont la nobleffe égale la mienne. Seigneur, interrompit Don Alphonfe, ne me faites point payer

trop

trop cher le bonheur que vous m'annoncez. Ne puis-je fçavoir que j'ai l'honneur d'être votre fils, fans apprendre en même-tems que vous voulez me rendre malheureux. Ah ! Seigneur, ne foyez pas plus cruel que votre pere !¡ S'il n'a point aprouvé vos amours, du moins il ne vous a point forcé de prendre une femme. Mon fils, repliqua Don Céfar, je ne prétends pas non plus tyrannifer vos defirs. Mais ayez la complaifance de voir la Dame que je vous deftine. C'eft tout ce que j'exige de votre obéïffance. Quoique ce foit une perfonne charmante, & un parti fort avantageux pour vous, je promets de ne vous pas contraindre à l'époufer. Elle eft dans ce Château. Suivez-moi. Vous allez convenir qu'il n'y a point d'objet plus aimable. En difant cela, il conduifit Don Alphonfe dans un apartement où je m'introduifis après eux avec le Baron de Steinbach.

Là étoit le Comte de Polan avec fes deux filles Séraphine & Julie, & Don Fernand de Leyva fon gendre qui étoit neveu de Don Céfar. Il y avoit encore d'autres Dames & d'autres Cavaliers.

valiers. Don Fernand, comme on l'a
dit, avoit enlevé Julie, & c'étoit à
l'occafion du mariage de ces deux amans
que les païfans des environs s'étoient
affemblez ce jour-là pour fe réjoüir. Si-
tôt que Don Alphonfe parut & que
fon pere l'eut prefenté à la compagnie,
le Comte de Polan fe leva & courut
l'embraffer, en difant : Que mon libé-
rateur foit le bien venu. Don Alphonfe, pourfuivit-il en lui adreffant la
parole, connoiffez le pouvoir que la
vertu a fur les ames généreufes ; fi vous
avez tué mon fils, vous m'avez fauvé
la vie. Je vous facrifie mon reffentiment & vous donne cette même Séraphine à qui vous avez fauvé l'honneur.
Par-là je m'acquite envers vous. Le
fils de Don Céfar ne manqua pas de
témoigner au Comte de Polan combien
il étoit pénétré de fes bontez ; & je ne
fçai s'il eut plus de joye d'avoir découvert fa naiffance que d'aprendre qu'il
alloit devenir l'époux de Séraphine. Effectivement ce mariage fe fit quelques
jours après au grand contentement des
parties les plus interreffées.

Comme j'étois auffi un des libérateurs du Comte de Polan, ce Seigneur,

qui

qui me reconnut, me dit qu'il se chargeoit du soin de faire ma fortune : mais je le remerciai de sa générosité, & je ne voulus point quitter Don Alphonse, qui me fit Intendant de sa maison, & m'honora de sa confiance. A peine fût-il marié, qu'ayant sur le cœur le tour qui avoit été fait à Samuël Simon, il m'envoya porter à ce Marchand tout l'argent qui lui avoit été volé. J'allai donc faire une restitution. C'étoit commencer le métier d'Intendant par où l'on dévroit le finir.

Fin du second Tome.

Lightning Source UK Ltd.
Milton Keynes UK
UKHW030637290421
382834UK00006B/532